"十四五"职业教育国家规划教材

新时代劳动教育教程与实践

（第3版）

主审　涂用军

主编　王志明　曾小忙　靳　辉

教·学
资　源

上海交通大学出版社
SHANGHAI JIAO TONG UNIVERSITY PRESS

内容提要

本书以《关于全面加强新时代大中小学劳动教育的意见》《大中小学劳动教育指导纲要（试行）》为指导，全面介绍了日常生活劳动、生产劳动和服务性劳动中的知识、技能与价值观。本书旨在使学生能够理解和形成马克思主义劳动观，牢固树立劳动最光荣、劳动最崇高、劳动最伟大、劳动最美丽的观念；热爱劳动，尊重普通劳动者，培养勤俭、奋斗、创新、奉献的劳动精神；具备满足生存发展需要的基本劳动能力，形成良好劳动习惯。除绪论外，全书共分劳动光荣、生活全能、社会实践等三篇十一章。

本书理论结合实际，具有时代性、实用性等特点，可作为职业院校开展劳动教育的教材或参考用书。

图书在版编目（CIP）数据

新时代劳动教育教程与实践 / 王志明，曾小忙，靳辉主编. -- 3版. -- 上海 : 上海交通大学出版社，2024.3（2025.7重印）

ISBN 978-7-313-29252-0

Ⅰ. ①新… Ⅱ. ①王… ②曾… ③靳… Ⅲ. ①劳动教育－教材 Ⅳ. ①G40-015

中国国家版本馆CIP数据核字(2023)第149632号

新时代劳动教育教程与实践（第3版）

XINSHIDAI LAODONG JIAOYU JIAOCHENG YU SHIJIAN（DI 3 BAN）

主　　编：王志明　曾小忙　靳　辉

出版发行：上海交通大学出版社　　地　　址：上海市番禺路951号

邮政编码：200030　　电　　话：021-64071208

印　　制：三河市祥达印刷包装有限公司　　经　　销：全国新华书店

开　　本：880 mm×1230 mm　1/16　　印　　张：13.5

字　　数：418千字

版　　次：2022年8月第2版　2024年3月第3版　　印　　次：2025年7月第6次印刷

书　　号：ISBN 978-7-313-29252-0　　电子书号：ISBN 978-7-89424-444-4

定　　价：45.00元

前言 PREFACE

中华民族是勤于劳动、善于创造的民族。正是因为劳动，我们拥有了辉煌的历史；也正是因为劳动，我们拥有了今天的成就。勤于劳动、热爱劳动，是根植中华儿女内心深处的文化基因。历史上，中华民族不仅以注重礼仪享誉世界，也因勤劳勇敢遐迩闻名。中华民族之所以生生不息、历久弥新，正是因为广大人民具有勤于劳动的品质。

2020 年 3 月，中共中央、国务院发布《关于全面加强新时代大中小学劳动教育的意见》；2020 年 7 月，教育部印发《大中小学劳动教育指导纲要（试行）》。这两个文件对如何构建德智体美劳五育并举的教育体系给予了全面指导，对劳动教育教什么、怎么教、如何评等做出了具体规定，指出实施劳动教育的重点是在系统的文化知识学习之外，有目的、有计划地组织学生参加日常生活劳动、生产劳动和服务性劳动，让学生动手实践、出力流汗，接受锻炼、磨炼意志，使学生形成正确的劳动价值观，具备良好的劳动品质。

为贯彻落实新时代国家对劳动教育的新要求，配合学校开展劳动教育，充分发挥劳动独特的育人价值，我们编写了本书。此外，为贯彻落实党的二十大精神，我们还结合劳动教育的教学内容，进一步修订了本书。具体来说，本书主要有以下特点。

1．素质培养，以劳动教育锻造时代新人

本书以培养学生正确的世界观、人生观和价值观为己任，以培养担当民族复兴大任的时代新人为目标，着力引导学生崇尚劳动、尊重劳动，懂得劳动最光荣、劳动最崇高、劳动最伟大、劳动最美丽的道理，增强对劳动创造幸福的理性认知和实践自觉，促进学生全面发展、健康成长。

此外，本书将理论讲解与阅读材料紧密结合，既注重保持理论学习的深度，又强调理论性、趣味性和实践性的结合。具体来说，本书设置了“劳动榜样”“劳动百态”等模块，介绍了较为典型的人物（如邵书琴、奚延忱等）及其先进事迹，以及各种新时代的劳动案例，如有关智慧农业、生态养殖、机器人研究、外卖等的案例，让学生充分拓宽职业视野，牢固树立以辛勤劳动为荣、以好逸恶劳为耻的劳动观，大力弘扬崇尚劳动、热爱劳动、辛勤劳动、诚实劳动的劳动精神。

2. 校企合作，理论学习与技能学习并举

本书在一线双师型教师和企业专职人员的支持与参与下编写，联合企业力量多渠道丰富学生的劳动理论知识和提高学生的劳动技能。例如，在“家务自理，自立自强”一章中，介绍了衣物清洗常识、熨烫实用技巧、衣物缝补技巧、收纳操作指南、冷菜和热菜的制作方法；在“美丽家园，齐心共育”一章中，介绍了绿色环保理念、践行绿色环保行动、垃圾分类操作；在“善待生活，幸福可期”一章中，介绍了护理知识、急救常识，以及如何策划社区服务活动、养护绿植和制作短视频；等等。

3. 注重创新，以全新理念提高劳动实践能力

本书切实践行“以学生为主体，以教师为主导，以能力为根本”的教育理念，按照“必需、够用、兼顾发展”的原则组织相关内容。本书在结构安排上，层层递进，步步引导，从夯实劳动光荣的理念，到学会生活的技能，再到探索社会的实践；在内容安排上，全面系统，面面俱到，囊括通用劳动科学知识、日常生活劳动习惯、服务性劳动和生产劳动锻炼；在形式设计上，有知识的讲解说明，有劳动的淬炼操作，有实用的项目实践，有深入的反思交流，还有生动的榜样激励。

此外，本书在每个章节的开始设置了“思想导读”模块，在正文中设置了“课堂活动”“拓展阅读”模块，在每个章节的最后设置了“躬身践行”模块。

- 思想导读：通过社会现象、身边故事，聚焦劳动过程和结果与社会进步、个体成长的关联，围绕劳动价值、意义，引导学生总结、交流，促进学生思考。
- 课堂活动：通过让学生自行思考、相互交流分享等形式，使学生深入探索劳动现象背后的意义，让学生明辨是非，树立正确的劳动价值观。
- 拓展阅读：通过介绍与正文相关的知识点，增加学生的知识储备，提高学生的劳动实践能力。
- 躬身践行：通过设置智能化背景下的劳动实践活动，让学生完成真实的综合任务（如采访活动、校园美化活动、演讲比赛、社区服务活动、学习传统手工艺等），经历完整劳动过程；在劳动实践中注重劳动观念培养，引导学生充分发挥主动性、积极性、创造性，综合运用所学知识、技术，设计行动方案，并且通过小组合作的方式培养团队合作意识；每个劳动实践活动后都设置了合理的劳动评价，方便教师从素养、技能和成果三个方面综合考查学生的劳动情况。

4.“码”上学习，数字平台实现立体化劳动教育

本书配备了丰富的立体化学习资源，学生只需拿起手机“扫一扫”，精美有趣的视频便跃然眼前，能带领学生直观感受劳动魅力，体会劳动创造美好生活，体认劳动不分贵贱，从而树立正确的观念。

与此同时，为了方便学校管理、教师教学和学生自学，本书与集教学管理、教学支撑于一体的文旌综合教育平台“文旌课堂”（www.wenjingketang.com）开展了深度合作，学校可借助该平台管理校本课程，教师可借助该平台管理各种教学资源（如教学课件、微课视频等）、布置作业、组织考试，学生可借助该平台阅读课外资源、提交作业、进行线上练习、参加考试等。师生在教与学的过程中有任何疑问，都可以登录该平台寻求帮助。

本书由涂用军担任主审，王志明、曾小忙、靳辉担任主编，张迅、梁慧、田淮芳、赵宾担任副主编。

本书在编写过程中，参考和借鉴了劳动教育研究方面的文献资料、网络资源和相关的研究成果，在此向相关作者表示真诚的感谢！由于编者水平有限，书中存在的疏漏之处，敬请广大专家、同行和学生批评指正，并对本书提出宝贵意见，帮助我们在修订中不断完善。

本书配套资源下载网址和联系方式

网址：https://www.wenjingketang.com

电话：400-117-9835

邮箱：book@wenjingketang.com

片头

目录

CONTENTS

第一篇　劳动光荣

第二篇　生活全能

第三篇　社会实践

绪论

劳动是一切幸福的源泉

“功崇惟志，业广惟勤。”人世间的一切幸福都需要靠辛勤劳动来创造。中华民族是勤于劳动、善于创造的民族，正是因为劳动创造，我们拥有了历史的辉煌；正是因为劳动创造，我们拥有了今天的成就。

对个人而言，劳动是生存的基础；对家庭而言，劳动是改善生活的手段；对国家而言，劳动是推动社会发展进步的力量。大学生应认识劳动、理解劳动，并积极、主动地参加劳动实践活动，从而发挥个人价值，创造美好生活。

学习目标

知识目标

★ 了解劳动的含义、分类和价值。

★ 了解劳动教育的主要内容、重要意义、基本原则和总体目标。

素质目标

★ 树立远大的劳动目标和人生目标，并为实现目标而不懈努力奋斗。

★ 在劳动中迎着困难上、顶着压力拼，在困难中奋勇前行，在实干中成就事业。

实践目标

★ 掌握摄影的方法。

★ 掌握与人沟通的技巧。

思想导读　为什么要开展劳动教育活动

某校开展了以“青春环保”为主题的劳动教育活动，号召学生积极参加学校组织的校园美化活动，如打扫教室、清扫街道、清理操场等。

大多数学生认为这次活动十分有意义，于是纷纷踊跃报名。但是也有少数学生持反对意见，他们认为学生的主要任务是学习，学生只有学好科学文化知识，才能更好地为建设祖国贡献自己的力量，因此不应该浪费时间做打扫卫生这种毫无意义的体力活。

想一想

（1）你会积极参加校园美化活动吗？你赞同上述两种观点中的哪一种？

（2）你认为学校开展劳动教育活动有哪些意义？

第一节　认识劳动

一、劳动的含义

劳动是人类改变劳动对象，使之满足自己需要的有目的的活动。马克思认为，劳动首先是人和自然之间的过程，是人以自身的活动来引起、调整和控制人和自然之间的物质变换的过程。人自身作为一种自然力与自然物质相对立。人为了满足自身生活的需要而占有自然物质，就必须使自己身上的自然力——臂和腿、头和手运动起来。

劳动是创造价值的唯一源泉，人类的一切收获均来自劳动。凭借勤劳的双手，人类的祖先钻木取火，告别茹毛饮血的时代，迈向新的生活；凭借勤劳的双手，中华民族的先民们“烁金以为刃，凝土以为器”，用汗水与智慧开启了灿烂的中华文明；凭借勤劳的双手，中国人民在中国共产党的领导下，自力更生、发愤图强、锐意进取，取得了革命、建设、改革的伟大成就，全面建成了小康社会，共同创造着幸福生活。

二、劳动的分类

劳动是人类社会存在和发展的最基本条件，在人类社会形成的过程中起了决定性作用。按照不同的分类标准，可将劳动分为不同的类型。

（一）生产劳动和非生产劳动

按劳动的自然形态划分，可将劳动分为生产劳动和非生产劳动。生产劳动为非生产劳动提供了存在和发展的条件，而非生产劳动又为生产劳动的发展提供了精神动力和智力支持。

生产劳动是指创造物质财富的劳动，包括直接作用于劳动对象的工人、农民、工程师等劳动者的劳动，如工业和农业生产中的劳动（见图 0-1），以及生产过程在流通领域中继续的那部分劳动（如产品的分类、加工、包装、保管等），也包括间接作用于劳动对象的劳动者的劳动，如劳动管理、技术管理、人事管理、工艺流程设计等。

图 0-1　农业生产中的劳动

非生产劳动是指不创造物质财富的劳动，如教师教学、演员表演等服务性劳动。非生产劳动不是人类社会一开始就有的，而是随着生产劳动的发展和人类对精神生活、医疗教育等各方面需求水平的不断提高而出现的。非生产劳动与生产劳动一样，是社会分工体系中不可缺少的部分，对促进经济繁荣、社会进步和丰富人民生活有重要作用。

（二）体力劳动和脑力劳动

按体力活动和脑力活动在劳动中所占的比例划分，可将劳动分为体力劳动和脑力劳动。体力劳动是指以使用或消耗体力为主的劳动，脑力劳动是指以使用或消耗脑力为主的劳动。

体力劳动是脑力劳动的基础，在具体劳动中，体力劳动和脑力劳动共同存在，人的任何劳动都是体力和脑力同时消耗的过程。例如，种植水稻（见图 0-2）虽然以体力劳动为主，但仍然需要人通过脑力劳动来确定种植的位置、施肥的时机、肥料的种类等；写作（见图 0-3）虽然以脑力劳动为主，但仍然需要人用双手在纸张上书写或者利用键盘在计算机中书写。

图 0-2　种植水稻

图 0-3　写　作

（三）具体劳动和抽象劳动

按劳动创造的价值形态划分，可将劳动分为具体劳动和抽象劳动。

具体劳动是指生产的目的、操作方法、劳动对象和劳动手段互不相同的、创造不同使用价值的劳动。例如，木匠用斧、锯、刨子等劳动工具对木材进行加工（见图 0-4），生产出桌、椅、床等劳动产品；纺织工人用织布机、剪刀等劳动工具纺纱织布。具体劳动反映了人和自然的关系，是劳动的自然属性。

图 0-4　加工木材

抽象劳动是指撇开各种具体形式的、一般的、无差别的人类劳动，即人的脑力和体力在商品生产中的消耗。抽象劳动反映了商品生产者之间的经济关系，是劳动的社会属性。在商品经济中，当人们的经济联系通过劳动产品的相互交换来实现时，耗费在这些劳动产品上的人类劳动才能被当作一般人类劳动而被抽象出来。抽象劳动是形成商品价值的源泉，是商品经济所特有的。

劳动小贴士

具体劳动和抽象劳动是统一且对立的。一方面，商品生产者在进行具体劳动的同时也在进行抽象劳动，两者在时间和空间上都是统一且不可分割的；另一方面，具体劳动和抽象劳动是生产商品时劳动的两种不同属性，对应的分别是劳动的自然属性和社会属性。

（四）简单劳动和复杂劳动

按劳动的复杂程度划分，可将劳动分为简单劳动和复杂劳动。简单劳动是指在一定社会条件下，不必经过专门的学习和训练，每个正常的劳动者都能从事的劳动。复杂劳动是指经过专门的学习和训练后，掌握一定知识和技能的劳动者才能从事的劳动。

从马克思主义劳动价值论的角度看，在同等条件下，复杂劳动所创造的价值比简单劳动所创造的价值大。这是因为复杂劳动背后存在教育成本、实验成本等，它不仅包括劳动者的直接劳动，还包括技术研发、知识传授、管理等间接劳动。

课堂活动

作家创作文艺作品属于什么劳动？印刷厂的工人将作家创作的文艺作品印制成书籍属于什么劳动？

三、劳动的价值

劳动具有两个方面的价值：一方面是对个人的价值，另一方面是对社会的价值。

扫一扫

劳动创造美好生活

（一）劳动对个人的价值

1．劳动是知识的源泉

劳动是获取知识的重要途径之一。在劳动实践中，人们会总结出许多实用的知识。例如，我国古代劳动人民在农业劳动中不断总结农耕生产和气候变化的关系，从而形成了“立夏不下，桑老麦罢”“谷雨前后，种瓜点豆”等有关二十四节气的知识。

2．劳动是培养个人社交能力的途径

劳动是人最重要、最基本的活动形式，也是人形成社会关系的重要途径。大多数劳动需要通过集体来完成，参加劳动的人需要合理分工、紧密合作。在这一过程中，人们通过交流、合作，学会与他人和谐共处，培养个人社交能力，与他人建立良好的人际关系。

3．劳动是促进个人全面发展的动力

劳动可以从以下几个方面促进个人全面发展：

（1）强健体魄。个人在进行体力劳动的过程中可以活动筋骨、强健体魄。例如，在打扫宿舍（见图 0-5）时，扫地、拖地、擦桌子、擦窗户等劳动可以使人的肢体得到一定强度的锻炼。

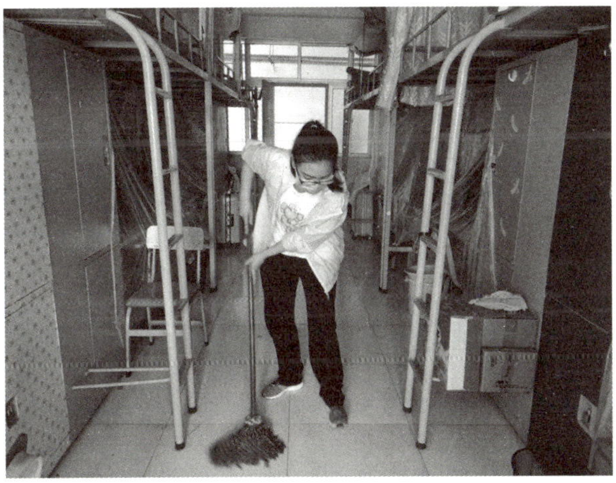

图 0-5　打扫宿舍

（2）锻炼思维能力。劳动是一种以成果为目标的特殊活动，有助于锻炼人的思维能力。例如，在生产劳动中，人们会尝试采用各种方法来提高生产效率，这在无形中锻炼了人的思维能力，促进人的思维发展。

（3）磨炼意志。意志是指人自觉地确定目的，并根据目的来支配、调节自己的行动，克服困难，达到预定目的的心理过程。在古代，人们为了生存，必须开展各类生产劳动，以换取生活资料，但是在劳动过程中，往往需要面对许多困难。人们在解决困难的过程中，会不断磨炼自己的意志。例如，我国古代农民为了种好庄稼，必须与各种自然灾害（如洪水、旱灾、蝗灾等）做斗争，从而形成了中华民族艰苦奋斗、自强不息的民族精神。

（4）提高自身综合能力。大学生积极参加学生会或社团活动（见图 0-6），或者利用节假日参加社会实践活动，不仅能够丰富自己的生活经验，还能够提高自己的生活自理能力、语言表达能力、社会适应能力等多方面的能力。

图 0-6　参加社团活动

课堂活动

由于在家时父母包办了所有的家务，一些大一新生不会洗衣服、打扫卫生等，在刚入学时无法适应校园生活。

请问：对于具有以上情况的同学，你有什么建议？

（5）培养良好品质。人只有参加劳动实践，才能够深刻体会劳动过程的艰辛，深刻理解劳动成果的来之不易，从而形成吃苦耐劳、勤俭节约、艰苦奋斗等良好品质。

4. 劳动使个人实现自我价值

劳动是实现自我价值的重要途径。通过辛勤劳动获取劳动成果，这种劳动成果不仅能满足个人的物质需求，更能满足个人的精神需求。例如，作家写出一本好书，厨师做出一桌好菜，科学家取得重大科研成果，他们不仅能获得经济收入，还能获得巨大的成就感和满足感，实现自我价值。

此外，许多志愿者在劳动时并不以获取报酬为目的。他们通过个人劳动为社会发展和祖国建设贡献自己的力量，在无私奉献中实现人生价值。

劳动榜样

“最美志愿者”邵书琴

2013 年，邵书琴毕业于广东外语外贸大学国际商务英语学院，自愿参加大学生志愿服务西部计划。伴随着“到西部去、到基层去、到祖国和人民最需要的地方去”的激昂旋律，她只身前往新疆生产建设兵团第三师托云牧场，从事基层社会管理工作。在服务期间，她迅速适应当地环境，利用自己的专业优势，发挥自身才能，出色地完成了各项工作，并策划了多项活动来丰富当地群众的文化生活。

服务期满后，邵书琴申请扎根边疆，留在牧场工作。她陆续被牧场党委评为“先进工作者”“三八红旗手”“爱岗敬业女干部”“民族团结先进个人”，并获得第十一届中国青年志愿者优秀个人奖、全国“最美志愿者”称号、第二十二届“中国青年五四奖章”等荣誉。邵书琴现任托云牧场社区党支部书记，在她的带领下，社区党支部战斗力明显增强，社区维稳、脱贫、增收、民生保障等各项工作任务都得以顺利完成。

资料来源：共产党员网（有改动）

（二）劳动对社会的价值

1. 劳动是人类社会存在和发展的基础

一方面，人类生存所需要的食物、衣服、住房等基本的物质生活资料只有通过生产劳动才能获得。另一方面，为了追求更好的物质和精神享受，人类通过非生产劳动，不断总结经验并进行创新活动，推动科学技术和社会文化发展，促进人类社会进步。

2. 劳动是创造社会财富的途径

社会财富是指劳动者在生产过程中创造的、具有使用价值的劳动产品。人类通过劳动，可以改变自然物原本的形态和性质，进而将其转化为可以为人类所利用的社会财富。

3. 劳动是推动人类社会不断发展的力量

人类在生产劳动实践中不断积累生产经验，改进生产工具和生产技术，从而推动了生产力的发展、生产方式的变革和整个社会历史的进步。例如，英国发明家詹姆斯·瓦特发现原有的蒸汽机耗煤多、效率低的原因是绝大部分蒸汽没有被有效利用，据此，他发明了与气缸分离的冷凝器，对原有的蒸汽机进行了改良，从而大大提高了蒸汽机的工作效率，推动了第一次工业革命的发展，人类社会也因此进入了“蒸汽时代”。

此外，人类在劳动中创作的各种优秀的作品，也在一定程度上推动了社会发展。例如，《资本论》和《共产党宣言》等著作为人类指明了除资本主义外的一条新的发展道路，对人类社会的发展产生了深远影响。

第二节　认识劳动教育

一、劳动教育的主要内容

劳动教育的主要内容包括日常生活劳动教育、生产劳动教育和服务性劳动教育。

（一）日常生活劳动教育

日常生活劳动教育立足个人生活事务处理，结合新时代校园爱国卫生活动，培养学生的生活能力和良好的卫生习惯，帮助学生树立自立自强意识。例如，学校开展“最美寝室”评选活动，号召学生将寝室打扫干净并保持寝室整洁，同时通过表扬寝室环境最好的学生，激励其他学生积极参加寝室劳动，维护寝室环境，进而养成良好的生活卫生习惯。

（二）生产劳动教育

通过生产劳动教育，让学生在工农业生产过程中直接经历物质财富的创造过程，体验从简单劳动、原始劳动向复杂劳动、创造性劳动的发展过程，学会使用工具，掌握相关技术，感受劳动创造价值，增强产品质量意识，体会平凡劳动中的伟大。

（三）服务性劳动教育

通过服务性劳动教育，让学生利用知识、技能等为他人和社会提供服务，在服务性岗位上见习实习，树立服务意识，实践服务技能；在公益劳动、志愿服务中强化社会责任感。

二、劳动教育的重要意义

（一）劳动教育是实现中国梦的强大助推力量

马克思主义理论认为人民群众是历史的创造者，即劳动者通过劳动推动社会的发展。劳动者通过不断探索创新，推动国家和民族在文化、科技等诸多领域一次次实现重大突破。正是中华民族一代又一代的劳动者不懈努力，铸就了中华民族的辉煌历史，推动着中华民族走向繁荣富强。

劳动开创未来，奋斗实现梦想。“以劳动托起中国梦”，根本上要靠劳动者的辛勤劳动、诚实劳动和创造性劳动。学生对劳动的认知，对劳动的态度，对劳动习惯、劳动技能的培养，将影响国家和民族的未来。学校开展劳动教育，可以帮助学生形成正确的劳动价值观和良好的劳动品质，使其明白美好生活要靠劳动创造，只有坚持努力奋斗，才能实现中华民族伟大复兴的中国梦。

（二）劳动教育是培养合格的社会主义建设者和接班人的途径

马克思在《资本论》中说：“未来教育对已满一定年龄的儿童来说，就是生产劳动同智力和体育相结合，它不仅是提高社会生产力的一种方法，而且是造就全面发展的人的唯一方法。”中共中央、国务院发布的《关于全面加强新时代大中小学劳动教育的意见》指出：“劳动教育是国民教育体系的重要内容，是学生成长的必要途径，具有树德、增智、强体、育美的综合育人价值。”

劳动教育是中国特色社会主义教育制度的重要内容，直接决定社会主义建设者和接班人的劳动精神面貌、劳动价值取向和劳动技能水平。培养合格的社会主义建设者和接班人，必须做到：

（1）在劳动教育过程中贯彻马克思主义劳动观，强调劳动是一切财富、价值的源泉，劳动者是国家的主人，一切劳动和劳动者都应该得到鼓励和尊重；倡导通过诚实劳动创造美好生活、实现人生梦想，反对一切不劳而获、崇尚暴富、贪图享乐的错误思想。

（2）加强学校教育与社会生活、生产实践的直接联系，发挥劳动在个人与社会之间的纽带作用，引导学生认识社会，增强社会责任感，同时注重让学生学会分工合作，体会社会主义社会平等、和谐的新型劳动关系。

（3）面向真实的生活世界和职业世界，引导学生以动手实践为主要方式，在认识世界的基础上，获得有积极意义的价值体验，学会建设世界，塑造自己，实现树德、增智、强体、育美的目的。

（三）劳动教育是学校立德树人的重要载体

国无德不兴，人无德不立。育人的根本在于立德。落实立德树人根本任务，是我国教育事业不断取得新发展的关键，也是实现高质量发展、建设教育强国的必然要求。

立德树人是一种先进的教育理念，其要义是培养德才兼备、全面发展的高素质人才。劳动教育以帮助学生树立正确的劳动观念、学习劳动技能、塑造良好的人格和品德、培养正确的价值观念为目标，与立德树人这一根本任务相辅相成。

为了落实立德树人根本任务，各校努力构建德智体美劳全面培养的教育体系，全面开设劳动教育课程，培养学生正确的劳动观和实用的劳动技能，让学生在“立德树人”的教育理念下实现全面发展。

劳动百态

武昌理工学院组织学生进行劳动

2021 年 11 月 29 日至 12 月 10 日，武昌理工学院商学院工商管理精英班 2021 级的两个班级分两个批次先后到湖北省京山市广信生态农庄接受劳动教育。此次劳动教育的内容主要包括修剪果树、清理果园、拔萝卜（见图 0-7）等。

图 0-7　拔萝卜

本次劳动活动结束后，该学院组织参加劳动活动的全体学生进行交流分享。在谈到参加本次劳动活动的体会时，学生小孙说：“这次劳动活动让我体会到了劳动的艰辛，也让我学会了吃苦耐劳和团结合作。”另一名学生小牛说：“经过一周的劳动，我体会到了劳动的魅力，学到了很多劳动知识，对农村生活和农业劳动也有了更深的认识。”

指导老师刘某介绍，通过本次劳动教育，学生们的自主劳动意识得到了明显增强，团队协作能力得到了充分锻炼。

资料来源：武昌理工学院网站（有改动）

（四）劳动教育是学生成长成才的必修课

学校开展劳动教育，可以使学生走出教室、走出寝室、走到户外，在劳动中锻炼身体、放松心情，从而达到强健体魄、丰富精神世界、提高道德品质、陶冶审美情操的目的。

此外，学校开展劳动教育，有利于学生灵活运用各种理论知识解决实际问题，在创造性劳动的基础上，实现发明创造；有利于学生在辛勤劳动的过程中塑造良好的心理素质，在艰苦奋斗、顽强拼搏中磨炼意志，从而获得受益终生的宝贵精神财富；有利于学生在国家需要与个人价值实现、专业学习与岗位匹配之间找到平衡，从而形成自主、多元、积极的就业观。

课堂活动

通过接受劳动教育掌握一定的劳动技能固然重要，但更为重要的是，通过劳动实践，可以获得丰硕的劳动成果，进而体会到劳动的价值，明白劳动光荣、劳动让人幸福、劳动使人全面发展的道理。

你认同上述观点吗？请结合自身经历谈谈理想的劳动教育应达到的目的。

三、劳动教育的基本原则

（一）把握育人导向

坚持中国共产党的领导，围绕培养担当民族复兴大任的时代新人，着力提升学生的综合素质，促进学生全面发展、健康成长。把准劳动教育价值取向，引导学生树立正确的劳动观，崇尚劳动、尊重劳动，增强对劳动人民的感情，报效国家，奉献社会。

（二）遵循教育规律

符合学生年龄特点，以体力劳动为主，注意手脑并用、安全适度，强化实践体验，让学生亲历劳动过程，提升育人实效性。

（三）体现时代特征

适应科技发展和产业变革，针对劳动新形态，注重新兴技术支撑和社会服务新变化。深化产教融合，改进劳动教育方式。强化诚实合法劳动意识，培养科学精神，提高创造性劳动能力。

（四）强化综合实施

加强政府统筹，拓宽劳动教育途径，整合家庭、学校、社会各方面力量。家庭劳动教育要日常化，学校劳动教育要规范化，社会劳动教育要多样化，形成协同育人格局。

（五）坚持因地制宜

根据各地区和学校实际，结合当地在自然、经济、文化等方面条件，充分挖掘行业企业、职业院校等可利用资源，宜工则工、宜农则农，采取多种方式开展劳动教育，避免“一刀切”。

劳动百态

坚持专业引领，扎实推进劳动教育

学生不仅要在课堂上学习专业理论知识，还要在劳动实践中检验和运用所学知识，只有这样，才能真正理解所学知识，掌握专业技能。学校根据学生的劳动实践成果，可以了解专业知识的掌握情况，便于及时查漏补缺。由此可见，坚持专业引领，充分发挥专业优势，将专业教育、知识学习和技能实践相融通，是学校开设劳动教育课程的重要举措。

2021年4月7日，汉中职业技术学院药学院组织全院教职工和部分学生代表在汉中职业技术学院农业实训基地开展“耕读教育”活动。药学院结合本院药学、中药学、化妆品技术三个专业的特点，将“责任田”划分为四块，分别种植金银花、薄荷、蒲公英和芍药。为了种好自己的“责任田”，师生们事先做了大量的学习和准备工作。

药学院负责人表示，开展“耕读教育”活动，就是将专业教育与劳动教育、生命教育和中华优秀传统农耕文化教育紧密结合，为学生提供将理论应用于实践的机会，拓宽学生的知识面、丰富学生的生活经验，教育学生不仅追求以“耕”自力更生，还懂得以“读”修身养性。

此外，汉中职业技术学院还利用本院园艺、种植课程的优势，开展了以水果种植、蔬菜栽培、花卉培育等为主题的劳动教育实践活动，帮助学生在劳动实践中学习劳动技能，培养劳动精神。在汉中职业技术学院举办的“科技之春”花卉盆栽技术专题活动中，后勤处的老师为近200名学生讲解了花卉知识和盆栽技术，并进行了现场示范。示范结束后，学生按照老师讲解的步骤和方法进行花卉栽培练习（见图0-8），老师对学生的作品进行点评，并对表现出色的学生给予了充分肯定。

图0-8　花卉栽培练习

资料来源：汉中职业技术学院网站（有改动）

四、劳动教育的总体目标

为加快构建德智体美劳全面培养的教育体系，2020年7月，教育部印发《大中小学劳动教育指导纲要（试行）》（以下简称《指导纲要》）。《指导纲要》明确提出劳动教育的总体目标是准确把握社会主义建设者和接班人的劳动精神面貌、劳动价值取向和劳动技能水平的培养要求，全面提高学生劳动素养，使学生树立正确的劳动观念、具有必备的劳动能力、培育积极的劳动精神、养成良好的劳动习惯和品质。

（1）树立正确的劳动观念。使学生正确理解劳动是人类发展和社会进步的根本力量，认识劳动创造人、创造价值、创造财富、创造美好生活的道理，尊重劳动，尊重普通劳动者，牢固树立劳动最光荣、劳动最崇高、劳动最伟大、劳动最美丽的思想观念。

（2）具有必备的劳动能力。使学生掌握基本的劳动知识和技能，正确使用常见的劳动工具，增强体力、智力和创造力，具备完成一定劳动任务所需要的设计能力、操作能力及团队合作能力。

（3）培育积极的劳动精神。使学生领会“幸福是奋斗出来的”内涵与意义，继承中华民族勤俭节约、敬业奉献的优良传统，弘扬开拓创新、砥砺奋进的时代精神。

（4）养成良好的劳动习惯和品质。使学生能够自觉自愿、认真负责、安全规范、坚持不懈地参与劳动，形成诚实守信、吃苦耐劳的品质，珍惜劳动成果，养成良好的消费习惯，杜绝浪费。

躬身践行——“向劳动者致敬　定格美好瞬间”摄影活动

【劳动任务】

没有环卫工，哪有干净整洁的大街；没有保安，哪有小区的祥和平安；没有快递员，哪能方便、快捷地买到心爱之物……每一座城市的美丽，都离不开基层劳动者辛勤的汗水和无私的付出，只要为社会创造价值，服务于人民，就是光荣的，只要是劳动者就该得到承认和尊重。

班级组织“向劳动者致敬　定格美好瞬间”摄影活动，学生以小组为单位参加，选择好要拍摄的劳动者，为其拍摄一幅幅美丽的摄影作品。要求拍摄前需征得被拍摄主体的同意，拍摄时不能影响劳动者的正常工作。

【劳动分组】

全班学生以 2～5 人为一组进行分组，各组选出组长并进行任务分工，将小组成员及分工情况填入表 0-1 中。

表 0-1　小组成员及分工情况

班级		组号		指导教师	
小组成员	姓名	学号	任务分工		
组长					
组员					

【劳动准备】

（1）掌握摄影的方法。

（2）掌握与人沟通的技巧。

（3）准备摄像机、三脚架等摄影工具。

【劳动计划】

小组商议，制订出具体的工作计划，填入表 0-2 中。

表 0-2　工作计划

步骤	工作内容	时间安排	负责人
1			
2			
3			
4			
5			

【劳动实施】

按照工作计划，开展“向劳动者致敬　定格美好瞬间”摄影活动。将具体的实施情况记录在表 0-3 中。

表 0-3　实施情况

时间安排	实施步骤
	1．选定本组要拍摄的劳动者：
	2．讨论确定本组的摄影方案：
	3．活动过程中遇到的问题及解决方式：
	4．摄影方案的实施效果：
	5．整理素材，选择最合适的摄影作品在班级进行展示，让同学们体会普通劳动者的风采，并为自己所做的事情感到骄傲

【劳动评价】

教师可参考表 0-4 对各小组的摄影活动进行评价。

表 0-4　活动评价表

项目名称	评价内容		分值	评价分数		
				自评	互评	师评
素养评价 20%	分工合理，具备团队精神，能够积极与他人合作		10 分			
	积极、认真参加实践任务		10 分			
技能评价 30%	活动方案策划实用		10 分			
	活动实施效果佳，给劳动者带来了感动		10 分			
	按时完成实践任务		10 分			
成果评价 50%	摄影作品主题鲜明，构图合理		20 分			
	摄影作品中的劳动者真实、自信		20 分			
	摄影作品有感染力		10 分			
合计			100 分			
总评	自评（20%）+互评（20%）+师评（60%）=	综合等级：	教师（签名）：			

【劳动总结】

第一篇 劳动光荣

LAODONG GUANGRONG

第一章 劳动观念，决定一生

人们在劳动过程中，形成了对劳动的看法和认识，这就是劳动价值观。劳动价值观反映着劳动者对劳动的态度，决定着劳动者在劳动过程中的行为。劳动价值观与人生观、世界观一脉相承，人生观和世界观决定着劳动价值观，劳动价值观生动地反映着人生观和世界观。一个人只有树立正确的劳动价值观，才能懂得劳动最光荣、劳动最崇高、劳动最伟大、劳动最美丽的道理。

学生应树立正确的劳动价值观，立足实践，辛勤劳动、诚实劳动、创造性劳动，通过劳动不断提高自己的专业技能和综合素质，用劳动精神照亮中国梦。

学习目标

知识目标

- ★ 认识正确的劳动价值观。
- ★ 了解劳动精神的核心内容和深刻内涵。

素质目标

- ★ 树立正确的劳动价值观。
- ★ 将劳动内化为自己的行为习惯，自觉进行劳动实践。

实践目标

- ★ 掌握采访的技巧。
- ★ 走进“幸福劳动者”的内心，感受劳动给他们带来的幸福。
- ★ 尊重不同职业的劳动者。

思想导读

辛勤劳动的双手

经过全国人民的持续奋斗，截至2021年，我国全面建成了小康社会，历史性地解决了绝对贫困问题。

在全面建设小康社会的过程中，众多普通劳动者通过勤劳的双手，创造了属于自己的美好生活，实现了脱贫致富奔小康。

烈日炎炎，农民在田野间劳作，汗珠砸在泥土上，一株株秧苗茁壮成长并结出沉甸甸的粮食；天寒地冻，外卖小哥骑着电瓶车在大街小巷穿梭，虽然头盔染上了白霜，但是保温箱里的饭菜仍热气腾腾；冬去春来，教师始终站在三尺讲台上，陪着孩子们成长；花开花落，科技工作者不分昼夜地坚守在实验室里，验证一个个奇思妙想……日复一日，年复一年，在中华大地上，千千万万劳动者耕耘着、创造着，用汗水和心血浇灌着劳动果实，实现着人生价值。

劳动创造美好生活，劳动成就美好明天。

图1-1所示的三双手中，一双手倒刺丛生，指尖上沾着泥土；一双手粗糙，被划破的伤口还未痊愈；还有一双手因长年被冷水和腌料浸泡，又红又肿。

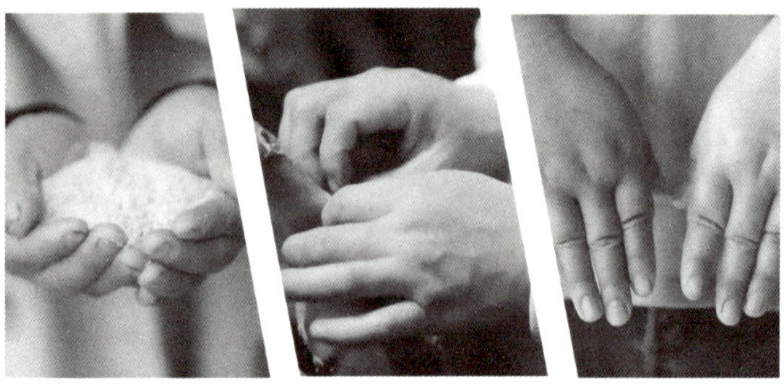

图 1-1　辛勤劳动的双手

这三双手的主人分别是张早琴、洪桂英和于小葵。她们都是劳动者，分别从事种植、养殖和农产品加工工作。她们的双手体现了劳动的艰辛和生活的不易。然而，正是这样一双双饱经风霜的手日复一日地辛勤劳动，才使我国如期完成新时代脱贫攻坚目标任务。广大劳动群众也用自己的双手改善了自己的生活，改变了乡村的面貌。

资料来源：中国民主建国会河北省委员会网站（有改动）

想一想

（1）历史性地解决绝对贫困问题依靠的是什么？

（2）为什么说劳动创造美好生活？我们应树立怎样的劳动价值观？

第一节　树立正确的劳动价值观

劳动是历练人生的最好课堂。人的一生其实就是一个辛勤劳动、不断积累的过程，知识和阅历的增加、财富的获取，都是通过劳动完成的。尊重劳动、热爱劳动、践行劳动不仅是做人的本分，也是人类文明延续之基、经济发展之源。

一、尊重劳动：唱响劳动之歌

党的二十大报告中提出要“坚持尊重劳动”。我们要尊重一切有益于人民和社会的劳动。不论是体力劳动还是脑力劳动，不论是简单劳动还是复杂劳动，一切为我国社会主义现代化建设做出贡献的劳动，都是光荣的，都应该得到尊重。尊重劳动应当包括尊重劳动本身、尊重劳动者、尊重劳动者的劳动成果三层内涵。

（1）尊重劳动本身。虽然不同劳动者的劳动形式和劳动内容有所差异，但是从本质上讲，所有劳动者的劳动都是同质且平等的。劳动没有高低贵贱之分，任何劳动都很光荣。我们应对所有劳动者所创造的劳动价值一视同仁。每种形式的劳动都是社会有机体不可或缺的。正是由于不同劳动者所做出的贡献不同，人们的各种生活需要才能得到满足，社会才能不断发展。

（2）尊重劳动者。劳动者是历史发展的主体，是我国现代化建设的主要力量。劳动者扎根于社会基层，有着丰富的实践经验，而丰富的实践经验是不断创新的源泉。由此可见，劳动者本身蕴藏着极大的创新潜能。劳动者是否得到尊重、劳动者个人的利益是否得到保障，会影响劳动者的积极性和创造性。我们应尊重劳动者，认可他们的劳动价值，为他们营造更加公平、自由的社会环境，以充分调动他们的积极性和创造性，促使他们为实现中华民族伟大复兴的中国梦做出更大的贡献。

（3）尊重劳动者的劳动成果。整洁的街道是环卫工人的劳动成果（见图 1-2），美观的绿化带是园林工人的劳动成果，安全有序的交通秩序是交警的劳动成果。我们身边到处都是辛勤的劳动者和他们的劳动成果，他们用自己的劳动为我们的生活增添了光彩，给我们的生活带来了便利。我们应尊重这些在平凡岗位上辛勤工作的劳动者，尊重他们的劳动成果。对他人劳动成果的尊重程度，能够反映一个人素质的高低、品格的优劣。

图 1-2　环卫工人打扫街道

二、热爱劳动：推开幸福之门

劳动带给人快乐和幸福。人们进行劳动，不仅是为了满足生活需要，更是为了使自己的生活更加充实，从而实现自我价值。对热爱劳动的人来说，劳动的过程本身就是一种幸福体验。

学生应以高度的热情投身劳动，通过劳动来锻炼身体、增长见识、提高技能、帮助他人，实现自我价值，并从劳动中获得满足感、自豪感和成就感。劳动给人们带来的一切，都将进一步激励人们更加辛勤地劳动，使人们逐渐成为热爱劳动、热爱生活的幸福劳动者。

三、践行劳动：点亮奋斗青春

“纸上得来终觉浅，绝知此事要躬行。”我们应认真学习马克思主义劳动观和新时代劳动思想体系，从社会历史发展的角度理解新时代劳动精神，同时积极参加学校组织的各项劳动教育活动（如劳动教育讲座、劳模事迹展览、劳模人物访谈等），深刻体会劳动精神的内涵和价值理念，并树立正确的劳动观。此外，我们还可以主动参与劳动实践（如打扫卫生、参与志愿活动、参加兼职或实习等），在实践中体会劳动带来的快乐，感悟劳动精神的内涵，从而培养崇尚劳动、热爱劳动、辛勤劳动、诚实劳动的劳动精神。

扫一扫

无奋斗　不青春

劳动百态

劳动教育正当时　贵大学子展风采

2022年5月底，贵州大学助力乡村振兴“十百千”劳动教育实践活动在贵阳市修文县六屯镇大木村开展，全校共有360余名师生参加。

在大木村韭黄基地，贵州大学的师生们充分发挥专业优势，协助当地群众开展田间管理工作（见图1-3）。学生刘某说：“这是我第一次参加这种实践活动。虽然很热很累，但我体会到了农业生产者的不易与辛苦，明白了‘植保人’的责任。今后我将加强专业学习，努力把青春挥洒在贵州大地上。”

图1-3　开展田间管理工作

学生舒某表示：“这次实践活动让我将自己从书本中学到的很多理论知识运用到了实践中，既丰富了我的实践经历，也有利于我今后更深入地学习专业理论知识。”

学生杨某说："我生于农村，长于农村，从小就参加农业劳作。现在，我掌握了专业理论知识，不会再像以前那样蛮干，而是有方法、有技巧地干，这得益于学校对我的培养。"他表示自己在毕业后会回到家乡，将自己学到的知识用于农业、用于农村、用于农民，为乡村振兴贡献力量。

贵州大学农学院副院长表示，此次劳动教育实践活动，不仅可以增强学生对所学专业的热爱之情，还可以让学生在实践中巩固课堂知识。该院长强调，"三农"工作任重道远，农学院的学生责无旁贷，希望他们能将个人发展融入家乡建设中，将个人理想融入"三农"工作中，让青春之花绽放在祖国需要的地方。

资料来源：贵州大学网站（有改动）

第二节　弘扬劳动精神

一、劳动精神的核心内容

党的二十大报告中提出要"在全社会弘扬劳动精神"。劳动精神是广大劳动者在社会生产实践中锤炼形成的，是广大劳动者弥足珍贵的精神财富。"崇尚劳动、热爱劳动、辛勤劳动、诚实劳动"，这 16 个字是对劳动精神的高度概括和生动诠释，为新时代坚持和弘扬劳动精神指明了方向。

（一）崇尚劳动

崇尚劳动就是提倡劳动、尊重劳动。劳动是人类最美好、最崇高的存在，是光荣而神圣的。劳动既能创造物质世界，又能创造精神世界。一方面，劳动者通过劳动创造出满足人类生存需要的物质资料；另一方面，劳动者在劳动过程中不畏艰难、奋勇拼搏、无私奉献，使劳动精神的内涵不断丰富。

学生要崇尚劳动，树立正确的劳动观念，秉持积极的劳动态度，培育优良的劳动品质，养成良好的劳动习惯，通过劳动实现自我价值与社会价值的统一。

（二）热爱劳动

热爱劳动就是对劳动充满热情，主动、积极地参加劳动。中华民族是热爱劳动的民族，在几千年的历史长河中，中国人民兢兢业业、艰苦奋斗、自强不息。我们今天所拥有的一切，无不凝聚着无数人的聪明才智，浸透着无数人的辛勤汗水。进入新时代，实现中华民族伟大复兴的中国梦更要依靠广大劳动者的热情劳动和努力奋斗。

（三）辛勤劳动

辛勤劳动就是埋头苦干、真抓实干，干在实处、干出成果。劳动是财富的源泉，也是幸福的源泉。幸福不会从天而降，美好生活只能靠劳动创造，全社会都应形成以辛勤劳动为荣、以好逸恶劳为耻的良好风尚。

中华民族自古以来便有辛勤劳动的传统，出现了许多有关辛勤劳动的典故和名句。例如，愚公移山的故事，反映了我国古代劳动人民改造自然的顽强毅力；"业精于勤，荒于嬉；行成于思，毁于随""书山有路勤为径，学海无涯苦作舟"等名句，表明了勤学苦练、辛勤劳动对促进人的发展和进步具有重要作用。

辛勤劳动是长久幸福的保障。只有通过辛勤劳动获得的成果，才能经得起时间的考验；只有付出过辛勤劳动的人，才懂得什么是真正的幸福，才能心安理得地享受自己所创造的幸福生活。

（四）诚实劳动

诚实劳动是指在劳动过程中脚踏实地，恪尽职守，遵守法律法规，不窃取他人的劳动成果。按劳动价值观划分，可将劳动分为诚实型劳动和欺骗型劳动；按劳动是否合法划分，可将劳动分为合法劳动和非法劳动。

其中，诚实型劳动和合法劳动有利于劳动者自身的发展，也能推动社会进步。欺骗型劳动和非法劳动可能会在短期内为劳动者或企业带来一定的好处，但从长远来看，对劳动者、企业和社会都存在极大的危害，是一种损人不利己的行为。例如，一些不法企业在生产产品时以次充好、偷工减料，这样虽然可以在短期内降低成本，但从长期来看，这样会导致产品口碑变差、销量下降，这些不法企业还会受到法律的制裁。

诚实劳动是成就梦想的基石，是劳动者实现人生价值的重要手段。学生应尊重劳动，珍惜自己和他人的劳动成果，在劳动中坚持诚实守信、脚踏实地、勤勉认真。

劳动榜样

袁隆平：最快乐的事就是劳动，在劳动中锻炼本领

袁隆平是我国杂交水稻事业的开创者和领导者，是享誉海内外的农业科学家，被誉为“杂交水稻之父”。他获得过多种奖项，如于 2018 年获得“改革先锋”称号，于 2019 年获得“共和国勋章”，等等。他一生致力于杂交水稻技术的研究、应用与推广，为我国粮食安全、农业科学发展和世界粮食供给做出了杰出贡献。

袁隆平曾说：“成功没有捷径。我不在家，就在试验田；不在试验田，就在去试验田的路上。”从最初三系法杂交稻的成功，到攻克两系法杂交稻、冲刺超级稻、培育耐盐碱水稻，每个阶段都离不开袁隆平在田间的辛勤劳动和刻苦研究，每一株杂交水稻都凝结着袁隆平的汗水与心血。

袁隆平十分推崇劳动，认为劳动是最快乐的事情。他曾对广大学生说:“我认为最快乐的事就是劳动。你们要学好知识，更要去实践，在劳动中锻炼自己的本领，发现自己的兴趣，热爱劳动，诚实劳动，德智体美劳全面发展，做好社会主义建设者和接班人。”

资料来源：央视网（有改动）

二、劳动精神的深刻内涵

劳动精神建立在马克思主义劳动观的理论基石上，汲取中华优秀传统文化中的劳动理念，形成于中国人民伟大社会历史实践之中，丰富和发展于中国特色社会主义新时代。劳动精神以爱岗敬业、勤奋务实为固有本色，诚实守信、艰苦奋斗为鲜明特色，敢于挑战、勇于创新为时代亮色，应体现出劳动最光荣、劳动最崇高、劳动最伟大、劳动最美丽的深刻内涵。

（一）劳动最光荣

劳动是人类社会的基石。人类生活、生产所需的各种物质资料和精神资料都必须通过人的劳动来创造。没有劳动的支持，人类社会便无法发展甚至无法正常运转，因此，劳动是人类社会最光荣的事业。

传承劳动精神就是继承和发扬中华民族勤劳勇敢、艰苦奋斗的光荣传统，时刻警惕不劳而获、投机取巧、贪图享乐等错误的思想观念。只有让劳动最光荣的观念深入人心，才能让劳动精神在新时代焕发生机，进而起到凝聚奋发力量、引领前进方向、激发人们劳动热情的作用。当劳动者的劳动价值得以实现或得到认同时，劳动者会感到欣慰、自豪、高兴，进而以更大的热情投入劳动，创造更高的价值。

（二）劳动最崇高

劳动是人类最崇高的事业，是一切成功的必经之路。一切劳动都是为了满足人的需要、实现人的自由。只有全社会形成劳动最崇高的共识，所有劳动者共同劳动，才能促进人类社会不断发展。一切为人民谋幸福、为民族谋复兴、为世界谋大同的劳动都是崇高而伟大的。劳动者应努力使个人劳动与人民幸福、民族复兴、世界大同相统一，用自己勤劳的双手创造更美好的世界。

我国仍处于并将长期处于社会主义初级阶段，实现中国梦，创造全体人民更加美好的生活，任重而道远，需要我们每个人继续付出辛勤劳动和艰苦努力。为了实现中国梦这一崇高事业，我们应在全社会树立起“劳动最崇高”的新风尚，在全社会形成尊重劳动、赞美劳动、崇尚劳动的良好氛围，凝聚所有劳动者的力量，奋勇向前。

（三）劳动最伟大

劳动是推动人类社会走向更高级发展阶段的重要动力。古往今来，没有任何一项辉煌成就是脱离劳动就能取得的，也没有任何一种灿烂文明是脱离劳动就能形成的。改革开放 40 多年以来，中国人民以敢试敢为的勇气和自我革新的担当，闯出了一条新路、好路。开荒南泥湾、耕耘黑土地、攻关超级稻，解决了 14 亿多人的吃饭问题；“和谐号”“复兴号”的研发，辽宁舰、山东舰、福建舰的研发，中国空间站的建成与运行，推动“中国制造”向“中国创造”转变。这些巨大成就是“劳动最伟大”最确凿的证据，让中国实现了从“赶上时代”到“引领时代”的跨越。

扫一扫

你的奋斗 终将伟大

实现中华民族伟大复兴需要以伟大的劳动精神为支撑。我国越发展壮大，遇到的阻力和压力就会越大。我们应以勇立潮头、走在前列的勇气和冲开绝壁、夺隘而出的锐气，积极投身改革创新的时代潮流中，在平凡的工作岗位上勤勉工作、锐意创新，为满足人民对美好生活的向往而努力奋斗，为中国特色社会主义事业添砖加瓦。

（四）劳动最美丽

劳动能够塑造劳动者的人格之美和精神之美。美的发展离不开特定的社会历史条件和劳动实践，劳动水平决定了美的衡量标准与表现形式，劳动目的寄托了人们对美的追求。我国古代劳动人民用勤劳的双手创造了秦兵马俑、万里长城（见图 1-4）、京杭大运河等伟大奇迹，即便历经千年，我们依然能从这些伟大奇迹中感受到古代劳动人民精巧的构思和精湛的技艺，体会他们的智慧美和劳动美。

劳动精神凝聚着劳动美，劳动美蕴含在劳动者的劳动实践和劳动成果（如改进生产工艺、生产精美的产品等）中，也体现在劳动者高尚的道德品质中。在新时代，无数劳动者在平凡的岗位上以平凡的劳动成就各自独特的劳动美，在劳动中实现人生价值。

图 1-4　万里长城

劳动榜样

劳动模范陈俊安

2021 年广州市白云区劳动模范和先进集体表彰大会召开，共有 80 人获得“白云区劳动模范”荣誉，德邦快递广州白云区龙归服务点的快递员陈俊安就是其中之一。

在工作中，陈俊安坚持随叫随到、不辞劳苦、任劳任怨的工作态度，将客户的事当成自己的事，从业 5 年来一直保持零投诉、零差错的纪录。此外，陈俊安还会为不同类型的客户提供个性化服务，因此获得了许多好评。

“坚持做好一件事”是陈俊安对自己的要求。在这样的自我要求下，他在工作中表现出色，2019 年、2020 年连续两年保持全年绩效五星评分，从公司 10 万名快递员中脱颖而出，成为公司的“金星快递员”。

资料来源：北青网（有改动）

躬身践行——“光荣属于劳动者　幸福属于劳动者”采访活动

【劳动任务】

农民、快递员、外卖员、房产中介、程序员、美工、设计师、工程师、作家、科学家、图书管理员……在我们身边，有很多各种各样的劳动者，他们既普通也不普通，他们凭着辛勤的劳动，靠着不懈的奋斗，过上了属于自己的幸福生活。

请以小组为单位采访身边或网络上的“幸福劳动者”（推荐采访新兴行业劳动者），了解他们的劳动故事，探寻他们是如何通过劳动收获幸福的。要求采访过程和结果以 PPT 形式呈现，并在全班同学面前讲解。

【劳动分组】

全班学生以 4～6 人为一组进行分组，各组选出组长并进行任务分工，将小组成员及分工情况填入表 1-1 中。

表 1-1　小组成员及分工情况

<table>
<tr><td>班级</td><td></td><td>组号</td><td></td><td>指导教师</td><td></td></tr>
<tr><td>小组成员</td><td>姓名</td><td>学号</td><td colspan="3">任务分工</td></tr>
<tr><td>组长</td><td></td><td></td><td colspan="3"></td></tr>
<tr><td rowspan="5">组员</td><td></td><td></td><td colspan="3"></td></tr>
<tr><td></td><td></td><td colspan="3"></td></tr>
<tr><td></td><td></td><td colspan="3"></td></tr>
<tr><td></td><td></td><td colspan="3"></td></tr>
<tr><td></td><td></td><td colspan="3"></td></tr>
</table>

【劳动准备】

（1）了解采访的方法。

（2）掌握采访提问的技巧。

（3）掌握 PPT 的制作方法。

【劳动计划】

小组商议，制订出具体的工作计划，填入表 1-2 中。

表 1-2　工作计划

步骤	工作内容	时间安排	负责人
1			
2			
3			
4			
5			

【劳动实施】

按照工作计划，开展“光荣属于劳动者　幸福属于劳动者”采访活动。将具体的实施情况记录在表 1-3 中。

表 1-3　实施情况

时间安排	实施步骤
	1．选定要采访的劳动者： 姓名：__________；性别：__________；职业：__________
	2．与采访对象约定采访时间与采访地点： 采访时间：__________；采访地点：__________
	3．小组讨论制定采访提纲：
	4．对劳动者进行采访 （注意做好录音、录像工作；在得到许可的前提下，可拍摄一些劳动者的工作场景；在条件允许的情况下，还可采访劳动者周围的人，从侧面了解劳动者的相关信息）
	5．根据采访提纲及录音整理采访稿，并进行组织形成书面文字
	6．根据书面文字及采访过程中的音视频和照片素材，制作 PPT 文稿
	7．小组内推选出一名成员展示 PPT（PPT 中可穿插视频、音频片段及图片）文稿，辅以现场解说

【劳动评价】

教师可参考表 1-4 对各小组“光荣属于劳动者 幸福属于劳动者”采访活动进行评价。

表 1-4 活动评价表

<table>
<tr><th rowspan="2">项目名称</th><th rowspan="2" colspan="2">评价内容</th><th rowspan="2">分值</th><th colspan="3">评价分数</th></tr>
<tr><th>自评</th><th>互评</th><th>师评</th></tr>
<tr><td rowspan="3">素养评价
20%</td><td colspan="2">仪容仪表得体</td><td>6 分</td><td></td><td></td><td></td></tr>
<tr><td colspan="2">分工合理，具备团队精神，能够积极与他人合作</td><td>6 分</td><td></td><td></td><td></td></tr>
<tr><td colspan="2">积极、认真参加实践任务</td><td>8 分</td><td></td><td></td><td></td></tr>
<tr><td rowspan="3">技能评价
40%</td><td colspan="2">采访紧扣主题，能达成采访目的</td><td>15 分</td><td></td><td></td><td></td></tr>
<tr><td colspan="2">采访问题的设计具有层次性</td><td>15 分</td><td></td><td></td><td></td></tr>
<tr><td colspan="2">与受访者融洽互动，氛围和谐</td><td>10 分</td><td></td><td></td><td></td></tr>
<tr><td rowspan="3">成果评价
40%</td><td colspan="2">PPT 结构清晰，重点突出</td><td>10 分</td><td></td><td></td><td></td></tr>
<tr><td colspan="2">PPT 制作精美，能合理应用动画效果等</td><td>10 分</td><td></td><td></td><td></td></tr>
<tr><td colspan="2">能较好地运用姿态、动作、手势、表情等配合 PPT 内容进行解说</td><td>20 分</td><td></td><td></td><td></td></tr>
<tr><td colspan="3">合计</td><td>100 分</td><td></td><td></td><td></td></tr>
<tr><td>总评</td><td>自评（20%）+互评（20%）+师评（60%）=</td><td>综合等级：</td><td colspan="4">教师（签名）：</td></tr>
</table>

【劳动总结】

第二章 劳模精神，引领时代

党的二十大报告指出，要“在全社会弘扬劳动精神、奋斗精神、奉献精神、创造精神、勤俭节约精神，培育时代新风新貌”。劳模便是践行上述精神的先锋人物。在各个历史时期，广大劳模以高度的主人翁责任感、卓越的劳动创造、忘我的拼搏奉献，谱写出了一首首动人赞歌，为全国各族人民树立了光辉的学习榜样。

“幸福都是奋斗出来的”，身处这样一个千帆竞发、百舸争流，有机会干事业、能干成事业的时代，广大劳动者用汗水绘就美好的蓝图，众多奋斗者用双手书写华丽的篇章，而作为青年学生，我们也要争当“劳模”，让劳模精神在新时代熠熠生辉。

学习目标

知识目标

★ 了解劳动模范的本质。

★ 熟悉劳模精神的深刻内涵和丰富意蕴。

素质目标

★ 认真体会劳模精神，并自觉践行劳模精神。

★ 向身边的人弘扬劳模精神，使人人争当“劳模”。

实践目标

★ 学会演讲、朗诵等技能。

★ 讲好劳模故事，用他们的事迹感染身边的同学，激励青年学生为建设幸福美好的生活贡献力量。

★ 在讲述劳模故事的过程中加深对劳模精神的理解。

思想导读 向劳动模范学习

在“五一”劳动节来临之际，学校组织全体学生一起观看2022年庆祝“五一”国际劳动节暨全国五一劳动奖和全国工人先锋号表彰大会的直播。看到电视里讲述一个个劳动模范的事迹，小赵被这些劳动模范坚韧不拔的精神和高尚的品格折服。

事后，小赵在观后感中写下这段话：

“劳动模范是在其岗位上做出优异成绩的先进模范人物，是时代的精英和人民的榜样。他们身上勤劳、勇敢、刻苦、认真的优秀品质和爱岗敬业、艰苦奋斗、甘于奉献的精神，值得我们每一个人学习。

虽然不是每个人都能成为劳动模范，但人人都能学习和践行劳模精神。学习劳模精神，首先要尊敬、尊重劳动模范。劳动模范就是我们身边的一面镜子。常照这面镜子，有利于我们发现自身的不足，进而激发见贤思齐的内在动力；有利于我们不断摒弃‘小胜即满’的懈怠思想。”

想一想

（1）什么样的人能成为劳动模范？

（2）劳模精神的内涵有哪些？如何在生活中践行劳模精神？

第一节 认识劳动模范，新时代的追梦人

劳动模范是我国授予在生产建设中成绩卓著或有重大贡献的先进人物的一种光荣称号，简称劳模。劳动模范是优秀劳动者的典型代表，从时传祥、王进喜，到李素丽、袁隆平，再到许振超、郭明义等，每个时期的劳模，都是时代的精神符号和力量化身。

一、劳动模范是劳动群众的杰出代表

长期以来，广大劳模以平凡的劳动创造了不平凡的业绩，铸就了“爱岗敬业、争创一流，艰苦奋斗、勇于创新，淡泊名利、甘于奉献”的劳模精神，丰富了民族精神和时代精神的内涵，是我们极为宝贵的精神财富。

1950年党和国家首次表彰劳动模范以来，在党的领导下，我国工人阶级和广大劳动群众与祖国同成长、与时代齐奋进，奏响了“咱们工人有力量”的主旋律，各条战线英雄辈出、群星灿烂。特别是进入新时代以来，我国工人阶级和广大劳动群众在实现中国梦伟大进程中拼搏奋斗、争创一流、勇攀高峰，为决胜全面建成小康社会、决战脱贫攻坚发挥了主力军作用，用智慧和汗水营造了劳动光荣、知识崇高、人才宝贵、创造伟大的社会风尚，谱写了“中国梦·劳动美”的新篇章。

一大批先进模范人物，爱岗敬业、锐意创新、勇于担当、无私奉献，在平凡的岗位上创造了不平凡

的业绩，用干劲、闯劲、钻劲鼓舞更多的人，激励广大劳动群众争做新时代的奋斗者。

二、劳动模范是社会进步的先进引领

劳模是民族的脊梁，是时代的引领者。一开始，劳模是淘粪工人时传祥，是铁人王进喜；到后来，劳模是数学家陈景润，是科学家彭加木；再后来，劳模是产业工人许振超，是篮球运动员姚明；到如今，劳模是研究发动机的孔祥俊，是研究生物科技的潘峰，是网络语音架构师贾磊，是在商场销售化妆品的龚定玲……也许你没听过他们的名字，不过他们在各自岗位上做出的骄人成绩，正在深刻地改变着你我的生活。

扫一扫

时代的引领者——劳模

平凡成就伟大，劳动创造辉煌。不同时期，国家发展建设的侧重点有所差异，劳模们的职业、工种不尽相同，但他们蕴含创造、奋斗、团结的劳模精神，始终呈现着社会进步的发展方向，始终激励着广大劳动群众敢于争先。

当前，劳模精神在中国特色社会主义新时代的伟大实践中不断丰富，成为引领人们为美好生活而勤奋劳动的“旗帜”。

三、劳动模范是人民群众的学习榜样

任何时代的发展，都离不开榜样的示范和感召作用。劳动模范作为广大劳动群众的榜样，其身上所具备的优秀品质和崇高精神值得所有劳动者去学习和践行。无数劳动模范的事迹告诉我们，通过辛勤劳动，人们可以在平凡的岗位上做出不凡的成就，改变自己的命运，实现人生价值。

我们向劳动模范学习，不仅要学习他们的精神，也要学习他们的工作方法。工作中难免会遇到瓶颈和阻碍，这时，我们可以去看看同行业的劳动模范是怎么做的，或许他们的方法能给我们一些启发。一个善于从劳动模范身上汲取精神营养的劳动者，一定大有可为。

劳动榜样

奚延忱：以厂为家的后勤守护者

辽宁省劳动模范奚延忱出身于农民家庭，艰苦的生活条件造就了他能吃苦、不服输的性格。1995 年从技校电焊班毕业后，奚延忱到本溪钢铁（集团）有限责任公司（以下简称“本钢”）工作，通过自己的不懈努力，成为一名焊工技师。

当上班长后，奚延忱接触的工种变多了，他觉得自己作为班长不能只懂电焊技术，于是开始自学其他工种的相关知识，并向班里的老师傅请教实际操作的技巧。提前到岗、不午休，成了奚延忱独特的工作习惯，也让他变成了既熟练掌握二氧化碳保护焊、等离子焊等多种焊接技术，又能熟练运用钳工技能、管工技能、铆工技能的“万能工”。

奚延忱清楚地知道，对于公司来说，时间就是效益。20 多年来，他所带领的班组从未出现过延期交工的问题。奚延忱说：“从接到任务的那一刻起，我们就在与时间赛跑。不管工作多难，我们都必须在规定时间内完成，否则就会给公司造成损失。”

2016 年，奚延忱负责开展本钢第三次联合检修工程的重点项目——调整 360 平方米烧结机机尾弯道。在温度高、灰尘多、调整精度高、更换空间狭小的情况下，奚延忱和他的班组成员必须在 5 天内完成调整工作，如果延期交工，就会耽误生产。因此，奚延忱和他的班组成员夜以继日，连续3天进行不间断作业，终于按时完成任务，使设备在调整后正常运行。

资料来源：搜狐网（有改动）

第二节　理解劳模精神，新征程的强动力

劳动模范是时代的先锋、民族的楷模，他们身上承载和彰显的劳模精神一直发挥着引领作用，丰富和拓展了中国精神的内涵，推动中国实现了从站起来、富起来到强起来的历史性飞跃。

一、劳模精神的深刻内涵

劳动模范身上体现的“爱岗敬业、争创一流，艰苦奋斗、勇于创新，淡泊名利、甘于奉献”的劳模精神，是伟大时代精神的生动体现，也是劳模之所以能在广大劳动者群体中脱颖而出的根本原因。

（一）爱岗敬业

爱岗敬业是劳模精神的基础。所谓“爱岗”，就是要干一行，爱一行；所谓“敬业”，就是要钻一行，精一行。热爱本职工作，对待工作勤勤恳恳、兢兢业业、一丝不苟、认真负责是对爱岗敬业精神的完美诠释。

在我党领导人民进行革命斗争中，就涌现出了一批批“劳动英雄”，“边区工人”赵占魁穿着湿棉袄在高达 2 000℃的熔炉前工作，终日汗流浃背，从不叫苦叫累；中华人民共和国成立后，中国工人阶级为党分忧、为国解难，全力投身社会主义革命和建设洪流，大庆“铁人”王进喜立下“宁肯少活二十年，拼命也要拿下大油田”的铮铮誓言；改革开放号角吹响，劳动模范勇立时代潮头，开拓进取，产业工人许振超先后 9 次打破集装箱装卸世界纪录，创下令世界惊叹的“振超效率”；党的十八大开启中国特色社会主义新时代，越来越多知识型、技能型、创新型的劳动者为实现中华民族伟大复兴梦想而奋斗，“金手天焊”高凤林先后为 160 多发火箭焊接过“心脏”，先后攻克航天焊接 300 多项难关，成为航天航空领域“大国工匠”。

在劳模身上，体现了强烈的主人翁事业心和责任感，勇攀高峰的坚定志向和坚韧品格，崇尚劳动、恪尽职守的高尚情操。

（二）争创一流

争创一流是劳模精神的精华。争创一流即追求一流的技术水平，干出一流的工作业绩，达到一流的工作效率。一代代劳模在自己的工作领域争创一流，正是这种工作态度使他们在众多劳动者中脱颖而出，获得了“劳模”的称号。

例如，在全国劳模、中铁第四勘察设计院集团有限公司总工程师肖明清看来，“心心在一艺，其艺必工；心心在一职，其职必举”，是以劳模为代表的劳动者应该始终秉持的初心。工作近 30 年，肖明清从一个普通技术人员成长为全国工程勘察设计大师，带领团队研究和设计了从“万里长江第一隧”武汉长江隧道到“世界首座高铁水下盾构隧道”广深港高铁狮子洋隧道等 60 多座大型水底隧道，多座隧道创造

了全国乃至世界之最。

（三）艰苦奋斗

艰苦奋斗是劳模精神的本质。艰苦奋斗是中华民族的优良传统，也是劳模精神的根本内涵。劳模之所以能够成为劳模，最根本的是依靠艰苦奋斗创造了不平凡的业绩。奋斗是艰辛的，没有艰辛就不是真正的奋斗。

课堂活动

谈谈你对“争创一流”和“艰苦奋斗”的认识，怎样才能做到“争创一流”“艰苦奋斗”呢？

（四）勇于创新

勇于创新是劳模精神的内核。勇于创新的精神即运用已有的知识、信息、技能和方法进行发明创造、改革、革新的意志、勇气和智慧。创新精神是一个国家和民族发展的不竭动力，也是推动人类文明不断向前发展的重要力量。

2013 年前，我国 2 000 吨以上的大型履带起重机全部依赖进口，价格、售后服务等受制于人。造出中国自己的“超级起重机”，是徐工集团高级工程师孙丽的梦想。2013 年，经过孙丽和团队的大力攻关，4 000 吨级履带起重机（见图 2-1）在山东烟台成功完成“首秀”，实现了我国在超大吨位履带式起重机研发制造领域的突破。该设备创造性地采用模块化、集成化设计，多项技术填补了国内技术空白。“为了这个梦想，我们奋斗了整整 23 年。”孙丽说。

图 2-1　4 000 吨级履带起重机

创新，正是劳模精神不断发展、与时俱进的时代内涵。

（五）淡泊名利

淡泊名利是劳模精神的灵魂。追逐名利是一种贪欲，淡泊名利是一种境界。新时代的劳模不会只看重眼前的利益，而是心怀大志、心无杂念，用纯粹的心投入所从事的事业中。

（六）甘于奉献

甘于奉献是劳模精神的底色。奉献是一种态度，是一种行动，也是一种信念。一代代劳模在自己的岗位上用劳动为祖国和人民奉献一切，在奉献中实现自己的人生价值，体现出报效祖国、服务人民的崇高追求。

二、劳模精神的丰富意蕴

劳模精神充分展现了我国新时代工人阶级和广大劳动群众的高度自信，已成为社会主义核心价值体系的重要组成部分。进入新时代，我们要深刻领会劳模精神的丰富意蕴，大力弘扬劳模精神，推动全社会形成尊重劳动、崇尚劳动的良好风尚。

（一）劳模精神是马克思主义劳动观的生动体现

马克思主义劳动观主要包括劳动本质论、劳动价值论、劳动解放论。马克思认为，在人从自然界分化出来演化成自然人再成为社会人的过程中，劳动发挥着决定性的作用。劳动不仅创造了人与自然之间的关系，还形成了人与人之间的关系、人与主观意识之间的关系。社会主义制度下的劳动真正体现了劳动者的自主性，劳动不再是异化的、外在的、脱离了人的本性的东西。劳动者通过自己的劳动实现人生价值，在劳动中感受幸福，这为劳模精神的产生与发展提供了重要土壤。

马克思主义劳动观全面、深刻地阐述了劳动在人类社会发展史上的决定性作用，为我们继承和弘扬劳模精神提供了理论支撑。

（二）劳模精神是我国优秀传统劳动文化的结晶

中国人民劳动精神的形成与劳动人民的生活、生产实践，以及中华民族崇尚劳动的传统文化密不可分。中国传统文化一向推崇对劳动实践的认同、对劳动精神的传承、对劳动文化的传播。远古时代，钻木取火、神农氏教民稼穑（sè）、大禹治水的劳动故事广为流传。明朝时期，宋应星所著的《天工开物》较全面、系统地记述了中国古代农业和手工业的生产技术及经验，集中体现了古代劳动人民在自然科学、工业制造等方面的劳动创造和发明成就。

我国优秀的传统劳动文化为劳模精神的形成注入了民族文化基因，让劳模精神成为创造民族辉煌的根本力量和推动民族继续向前发展的精神支柱。

（三）劳模精神植根于中国共产党领导中国人民的长期奋斗实践

劳模精神是中国共产党在长期革命、建设、改革实践中形成的宝贵精神财富，源于为人民谋幸福、为民族谋复兴的初心和使命。

新民主主义革命时期，一批批劳动模范在引领和发展革命根据地社会经济建设中发挥了巨大的示范带头作用，为革命取得最后胜利奠定了扎实的社会基础。社会主义建设时期，劳动模范以无私奉献、团结苦干的精神积极投身于经济建设中，对引导广大人民群众集中精力恢复和发展国民经济、树立正确的社会主义劳动观念起到重要的推动作用。改革开放以来，广大劳动群众不仅发扬吃苦耐劳、艰苦奋斗的精神，更是在开拓创新、苦干实干中创造了中国奇迹，业务精湛、技术卓越、锐意进取、敢为人先的劳动模范形象也更加深入人心。

进入新时代，在中国共产党的领导下，中国人民以实干兴邦的劳动精神，继续谱写中国特色社会主义伟大事业的新篇章，使得劳模精神、劳动精神、工匠精神成为社会热词，“劳动最光荣、劳动最伟大、劳动最崇高、劳动最美丽”成为时代强音。

（四）劳模精神是社会主义核心价值观的生动诠释

劳模精神是社会主义核心价值观的生动诠释，是建设社会主义事业的宝贵精神财富和强大精神力量。

劳模精神与社会主义核心价值观在文化传承、价值引领、爱国教育、道德培养等方面高度契合。在新时代，劳模精神引领着广大劳动群众以“爱国、敬业、诚信、友善”为行为准则，以“自由、平等、公正、法治”为价值取向，以“富强、民主、文明、和谐”为奋斗目标，将个人发展融入国家发展的时代潮流中，为实现人生价值而努力奋斗。

第三节 践行劳模精神，新蓝图的绘就者

一、在新时代弘扬劳模精神的现实意义

在新时代弘扬劳模精神具有特别的现实意义，具体如下。

（一）凝聚建功新时代的磅礴力量

劳动模范是“干出新时代”的排头兵，是践行“实干兴邦”的楷模。劳动模范身上所体现的劳模精神激励着广大劳动群众争做新时代的奋斗者。在新时代大力弘扬劳模精神，有利于充分调动广大劳动群众的积极性、主动性和创造性，让实干担当在新时代蔚然成风，让改革创新在新时代焕发活力，让精益求精在新时代落地生根，从而为建功新时代、实现中国梦凝聚起磅礴的中国力量。

（二）推进新时代产业工人队伍建设

推进产业工人队伍建设，是实施制造强国战略、全面提高产业工人素质的重要举措。在新时代大力弘扬劳模精神，充分发挥劳动模范的示范带头作用和价值引领作用，有利于培养更多劳动模范、大国工匠，打造一支有理想、守信念、懂技术、会创新、敢担当、讲奉献的产业工人队伍，建设知识型、技能型、创新型劳动者大军。

（三）昭示新时代劳动教育的价值取向

我国正处于实现中华民族伟大复兴的关键时期，从全面建成小康社会到基本实现社会主义现代化，再到全面建成社会主义现代化强国，归根到底要靠辛勤劳动、诚实劳动、创造性劳动。劳模精神昭示着新时代劳动教育的价值取向。在新时代，通过宣传劳动模范的先进事迹和优秀品质来弘扬劳模精神，有利于引导劳动者明白劳动最光荣、劳动最崇高、劳动最伟大、劳动最美丽的道理，自觉培养辛勤劳动、诚实劳动、创造性劳动的精神气质。

二、在学习和工作中践行劳模精神

在劳模精神中，爱岗敬业是本分，争创一流是追求，艰苦奋斗是作风，勇于创新是使命，淡泊名利是境界，甘于奉献是修为。守本分、有追求、讲作风、担使命、有境界、有修为，是每一位劳动模范的精神风范，也是每一位劳动者应具备的精神品质。

（一）在学习中践行劳模精神

学校是培养德智体美劳全面发展的社会主义建设者和接班人的重要阵地，应将劳模精神融入立德树

人全过程，让学生有机会近距离接触劳动模范、聆听有关劳动模范的故事、感受劳模精神；应充分发挥劳动模范先进事迹和优秀品质的感召作用，引导学生勤奋学习、勤于钻研、勤勉敬业，自觉践行劳模精神。学生在学习中践行劳模精神，应做到刻苦钻研、不畏艰苦，孜孜不倦地学习科学文化知识，勇于探索，积极参加实践活动，不断提高理论知识水平和实际操作能力，不断丰富自己的精神世界，不断改造自己的世界观、人生观和价值观。

（二）在工作中践行劳模精神

学生进入社会后，在工作中应践行劳模精神，做到学习劳动模范的工作态度、工作作风、工作方式，培育正确的劳动情怀和劳动观念，自力更生、奋发图强、不怕困难、不畏艰险，努力完成各项工作任务。

劳动榜样

玩转智慧农业　点燃兴农梦想

2004 年大学毕业后，贺斌先后在北京、上海的科研机构、通信企业工作，是一位名副其实的都市白领。2013 年初，贺斌果断辞去工作回到家乡江西省萍乡市莲花县，和同学一起创办了莲花县梦莲农业专业合作社，自己担任技术员。

莲花县梦莲农业专业合作社开展的第一项业务——草鱼养殖，就给了贺斌一个下马威：一是山里鸟儿多，很多鱼苗被鸟儿吃了；二是贺斌不太懂技术，给鱼除寄生虫时用药过多，造成鱼苗大量死亡。

不气馁、不退缩，贺斌不断从失败中吸取教训。看书学习、聘请专家、外出交流、钻研技术，贺斌把精力放在了科技创新上。开发数字化 GPS 羊群管理系统，使用 PLC 编程控制器实现大棚自动灌溉，将报废的消毒柜改装成数字化恒温柜以提高蔬菜出苗率，利用 LED 补光及加热辐射技术解决鸡鸭苗御寒脱温问题，将报废的洗衣机改装成定时喂料机……一系列高科技种养方式的推出，使贺斌成为当地新型职业农民的代表。

截至 2020 年 10 月，莲花县梦莲农业专业合作社已累计带动 96 户农户发展种植养殖产业，累计帮助 31 户农户平均每年增收万元以上。贺斌先后被评为“萍乡市劳动模范”“江西省农村青年致富带头人”“江西省劳动模范”等。

资料来源：江西工会网（有改动）

躬身践行——“讲述劳模故事　凝聚奋进力量”主题故事会活动

【劳动任务】

劳模是民族的精英、人民的楷模、共和国的功臣。为弘扬劳模精神，充分发挥劳模的示范引领作用，班级举办“讲述劳模故事　凝聚奋进力量”主题故事会活动。讲述劳模的故事，感受并颂扬他们所传递的劳模精神。

讲述的形式可以是单个故事讲述或串讲故事，也可以是配乐诗朗诵、演讲等；参赛选手可以单人参赛也可以小组形式参赛，每组不得超过 5 人。

【劳动分组】

全班学生以 1～5 人为一组进行分组，各组选出组长并进行任务分工，将小组成员及分工情况填入表 2-1 中。

表 2-1　小组成员及分工情况

<table>
<tr><td>班级</td><td></td><td>组号</td><td></td><td>指导教师</td><td></td></tr>
<tr><td>小组成员</td><td>姓名</td><td>学号</td><td colspan="3">任务分工</td></tr>
<tr><td>组长</td><td></td><td></td><td colspan="3"></td></tr>
<tr><td rowspan="4">组员</td><td></td><td></td><td colspan="3"></td></tr>
<tr><td></td><td></td><td colspan="3"></td></tr>
<tr><td></td><td></td><td colspan="3"></td></tr>
<tr><td></td><td></td><td colspan="3"></td></tr>
</table>

【劳动准备】

（1）根据小组选定的讲述形式掌握讲故事、演讲、朗诵等的技巧。

（2）掌握文献检索的方法。

【劳动计划】

小组商议，制订出具体的工作计划，填入表 2-2 中。

表 2-2　工作计划

步骤	工作内容	时间安排	负责人
1			
2			
3			
4			
5			

【劳动实施】

按照工作计划，开展“讲述劳模故事　凝聚奋进力量”主题故事会活动。将具体的实施情况记录在表 2-3 中。

表 2-3　实施情况

时间安排	实施步骤
	1．查找、筛选要介绍的劳模及其典型事迹 劳模： 事迹简介：
	2．选定小组要采取的讲述形式：
	3．撰写故事/配乐诗/演讲稿等
	4．反复练习 （练习过程可用手机录像，并在练习结束后反复观看，总结经验、改进不足，逐步提升讲述技巧；也可让其他小组的成员当观众，请他们指出讲述的不足之处，以进行有针对性的改进）
	5．在“讲述劳模故事　凝聚奋进力量”主题故事会上进行展示

【劳动评价】

教师可参考表 2-4 对各小组“讲述劳模故事　凝聚奋进力量”主题故事会活动进行评价。

表 2-4　活动评价表

项目名称	评价内容	分值	评价分数		
			自评	互评	师评
素养评价 20%	仪容仪表得体	10 分			
	积极、认真参加实践任务	10 分			
讲述材料评价 40%	事、情、理交融，逻辑严谨，说服力强	10 分			
	材料真实、典型、新颖	15 分			
	事迹感人、实例生动，能反映客观事实、具有普遍意义，体现时代精神	15 分			
成果汇报评价 40%	吐字清晰，表达流畅	10 分			
	语速恰当，语气、语调、音量、节奏富于变化，符合讲述内容	10 分			
	精神饱满，能较好地运用姿态、动作、手势、表情	10 分			
	讲述具有鼓舞性、激励性、说服力、感染力	10 分			
合计		100 分			
总评	自评（20%）+互评（20%）+师评（60%）=	综合等级：	教师（签名）：		

【劳动总结】

第三章 实干兴邦，匠心筑梦

“只要拥有一种纯粹为了把事情做到极致而忘我工作的欲望，我们每个人都会成为匠人。”真正的工匠精神不会在机械反复的工作程序中自然形成，只有坚持“干一行爱一行”的职业追求，才能在日积月累中逐渐形成。

大国崛起，匠心筑梦。回望过去，正是一批批执着、专注、追求卓越的能工巧匠们，为社会主义建设事业做出了杰出贡献。而展望新时代的未来征途，我们比以往任何时候都更加需要工匠精神，需要广大青年走技能成才、技能报国之路，成为知识型、技能型、创新型劳动者。

学习目标

知识目标

★ 认知工匠精神的基本内涵。

★ 了解工匠精神的当代价值。

素质目标

★ 向大国工匠和高技能人才看齐，学习他们身上的工匠精神。

★ 认真体会工匠精神，自觉传承、践行工匠精神。

实践目标

★ 学会撰写剧本，通过实际登台锻炼心理素质。

★ 培养合作精神，与同学齐心协力完成任务。

★ 提升与人沟通交流的能力。

思想导读

工匠精神：谱写敬业报国的时代乐章

图 3-1 透雕双龙玉饰

杭州博物馆里，有一件战国时期的小小透雕双龙玉饰（见图 3-1），双面纹饰，可拆可合。物件虽小，但其精密设计与细腻雕工却让观者不禁遐想：2 000 多年前，匠人们一边吟唱着“如切如磋，如琢如磨”的歌谣，一边聚精会神于一刀一刀的雕与琢之中。

在杭州这个有着千年记忆的城市，9 月 26 日有着特殊的意义。1937 年 9 月 26 日，中国人民自主设计、建造的第一座跨江大桥如虹般飞架钱塘江两岸，自此天堑变通途。2019 年，杭州市人大常委会将每年 9 月 26 日设为“工匠日”，这是我国第一个为工匠设立的专属节日。

在过去，“钱塘江上造桥”不过是一句谚语，用来形容说大话、吹牛。钱塘江涌潮凶猛，江底石层流沙淤泥覆盖，时人叹曰“钱塘江无底”，造桥更无从谈起。然而，就是在简陋的技术条件下，桥梁专家茅以升带领团队，克服 80 多个重大难题，架起了这座长 1 453 米、高 71 米的铁路公路两用双层大桥，书写了工匠精神的名篇。

回溯中国历史，追求专注与极致的工匠精神源远流长。解牛的庖丁、削木为鐻（jù）的梓庆、操舟若神的津人……庄子笔下“与物同化”的匠人们，就已展现出专注守心、物我两忘、执着技艺的精神境界与风骨。尔后，这种境界与风骨又演化为景德镇千年不熄的窑火、不用一钉“天衣无缝”的榫卯、华服冠绝的刺绣……悄然融进千年不衰的民族精神中。

工匠精神是一种努力将 99%提高到 99.99%的极致精神。哪怕面对再小的细节，也要全神贯注、全力以赴，只为打造极致的产品和体验。

凡人匠心，曰一丝不苟。荣宝斋的技师王玉良一生追求完美，他用 1 667 块木板，反复修改琢磨，耗时一年半才做成的《夜宴图》木板复刻，精妙绝伦，至今无人能做第二份。

凡人匠心，曰执着专注。年近 90 岁的敦煌研究院保护研究所前副所长李云鹤依然驻扎在敦煌，致力于修复文物。从 23 岁起，他修复了 4 000 多平方米壁画、500 多座塑像，也创造出了一个新职业——文物修复师。

凡人匠心，曰精益求精。特级技师高凤林焊接的产品是火箭发动机喷管，被喻为火箭的心脏，他的这双手被称为“金手”。“金手”的练就有多不易，只有高凤林自己清楚：吃饭时拿筷子比画着送焊丝的动作，喝水时端着盛满水的杯子练稳定性，哪怕休息时都举着铁块练耐力。

匠心从来不拘一格，每一位在自己工作岗位上做到极致的劳动者，都有自己的匠心之道：择一事，终一生，以不息为体，以日新为道。“我们喜欢不断雕琢自己的产品，不断改善自己的工艺，”高凤林说，“在我们的心中，制作出来的产品没有最好，只有更好。”

当前，我国经济已转向高质量发展阶段，亟需一大批具有工匠精神的劳动者挥洒汗水、奉献智慧。在各行各业深耕的大国工匠们，既是中国梦的筑梦师，也是中国梦的圆梦者，正因为有他们在各行各业默默奉献，我们的圆梦之路才能走得自信从容。

资料来源：光明日报（有改动）

想一想

（1）你还知道哪些城市设立了工匠日吗？如果在国家层面设立“工匠日”，你会建议设立在哪一天呢？说出你的理由。

（2）什么是工匠精神？结合你的经历或见闻谈谈你对工匠精神的认识。

第一节 领悟工匠精神

我国自古就有尊崇工匠精神的优良传统。古代工匠们在实践过程中，不断创新产品和技术，使我国精美的瓷器（见图 3-2）、丝绸、玉器、青铜器（见图 3-3）、漆器等享誉世界。在长期的实践中，广大劳动者培育形成了“执着专注、精益求精、一丝不苟、追求卓越”的工匠精神。

图 3-2 瓷 器

图 3-3 青铜器

一、执着专注

执着专注是一种锲而不舍的工作态度，也是一种埋头苦干的工作习惯。人的精力是有限的，将有限的精力投入一个领域，干一行、爱一行、钻一行，才能最大限度地发挥个人潜力，成就一番伟业。对个人而言，执着专注就是沉下心来做好自己的工作，耐心、细心、专注地完成每一项工作任务。劳动者只有将执着融入血脉，将专注刻入灵魂，才能在平凡的岗位上建功立业。

扫一扫

国之大匠 精神榜样

相传，古时候有位十分善于射箭的大师，名叫飞卫。纪昌想向他学习射箭，飞卫说：“你要想学习射箭，首先应该下功夫练眼力。你要牢牢地盯住一个目标，不能眨眼！”于是，纪昌回到家里，仰卧在妻子的织布机下，睁大眼睛，死死盯住织布机的踏板。两年后，即使锋利的锥尖要刺到他的眼角了，他的眼睛也不眨一下。纪昌把自己练习的情况告诉了飞卫，飞卫对他说：“虽然你已经取得了不小的成绩，但你的眼力还不够。你要练到把极小的东西看得很大，把模糊难辨的东西看得很清楚，那时候再来见我。”于是，纪昌用一根牛尾毛拴住一只虱子，把它吊在窗口，然后每天站在虱子旁边，聚精会神地盯着它。那只虱子在纪昌眼里一天天大起来，练到最后，大得竟然像车轮一样。这时，飞卫才开始教纪昌怎样开弓，怎样放箭。后来，纪昌成了百发百中的射箭能手。

《纪昌学射》的故事生动、形象地告诉我们，要想有精湛的技艺，就要执着专注、持之以恒、心无旁骛地勤学苦练，在长期的实践中积累经验。

二、精益求精

精益求精是一种对学问和技艺的极致追求。劳动者要有一颗进取之心，不骄傲、不满足、不凑合，不断寻求技艺的突破，不断提高产品质量。

对于国家而言，精益求精的工匠精神不仅影响着劳动者的工作态度、思维方式、精神面貌和综合素质，还影响着高端制造行业的发展。小到一枚螺丝钉、一根电缆的制作，大到飞机、高速列车（见图3-4）等大国重器的锻造，无不展现出严谨执着、追求完美、精益求精的匠心。正是一代代追求极致的劳动者将精益求精的工匠精神内化于心、外化于行，我国才从一个工业基础薄弱、工业化水平相对较低的国家，成长为世界制造强国。

图3-4 高速列车

对于个人和企业而言，以高标准严格要求自己，注重产品的细节，不断提高产品质量、创新技术，才能制造出一流的产品，形成独特的核心竞争力。“80后”大国工匠陈亮在无锡某公司负责加工工业模具。在工业模具加工领域，分毫之差决定着产品的品质甚至产品的成败。陈亮制作的工业模具，误差可控制在1微米之内。他给自己制订了一条工作准则：再仔细一点儿，离1微米的精度就能更近一点儿。因为追求精益求精，陈亮带领团队先后获得了多项发明专利。

课堂活动

（1）你怎样理解精益求精？

（2）我国历史上有哪些关于精益求精的故事？请与同学们分享。

三、一丝不苟

一丝不苟是指做事认真，不放过任何一个细节，具体表现为认真负责、严谨细致、注重细节、心无旁骛的工作态度。劳动者只有在工作中坚持一丝不苟，认真处理好所有细节，不出任何错漏，才能圆满完成工作任务。

随着物质水平的提高，人们对产品精度的要求越来越高，有些甚至达到了苛刻的程度。这就要求劳动者始终保持一丝不苟的工作态度，认真核查每一个细节，不留任何隐患，才能高质量地完成本职工作。

中国航空工业集团有限公司（以下简称“中航工业”）的钳工方文墨为歼-15舰载机加工高精度零件。在教科书上，手工锉削精度的极限是千分之十毫米，而方文墨加工的精度达到了千分之三毫米，这是数控机床都很难达到的精度。中航工业将这一精度命名为“文墨精度”。

四、追求卓越

追求卓越是指因不满足现有的成就而向更高的目标发起冲击，不断追求突破和创新。无论是在传统农耕社会，还是在现代工业化社会，扎实的专业知识、精湛的专业技艺都是工匠安身立命之根本，不断超越自我、勇攀行业顶峰是工匠的毕生追求。劳动者不能因为自己取得的一点成就就沾沾自喜、不思进取，而应始终保持积极进取、追求极致的态度，在实践中不断超越自我、积极创新。

追求卓越是工匠的价值追求，他们以技能报国的信念和与时俱进的创新精神铸就人生辉煌。大国工匠徐立平精雕细琢火药药面，将误差从 0.5 毫米缩小到 0.2 毫米，从实践中不断吸取经验，设计发明了 20 多种药面整形刀具，为我国的航天事业贡献了自己的毕生才智，无愧于大国工匠的称号。

器物有形，匠心无界。工匠精神不仅存在于制造业，也存在于服务业；不仅存在于物质生产领域，也存在于精神生产领域。无论从事什么劳动，都要干一行、爱一行、钻一行。在工厂车间，就要精心打磨每一个零件，生产优质的产品；在田间地头，就要精心耕作，努力获得丰收；在商场店铺，就要笑迎天下客，努力提供优质的服务。

劳动榜样

匠心筑梦　谱写强军报国华章

2020 年 11 月 24 日，中国兵器工业集团河南平原光电有限公司（以下简称“平原光电”）数控加工中心高级技师梁兵，在北京人民大会堂参加了全国劳动模范和先进工作者表彰大会，并被评为“全国劳动模范”。

自 1993 年入职平原光电以来，梁兵在数控技能操作岗位上刻苦钻研技术，熟练掌握了一系列复杂零件的加工工艺，逐渐从一名普通技校毕业生成长为中国兵器工业集团首席技师、国家级技能大师。在微米级的高精度加工要求下，梁兵还练成了一套通过触摸按压和聆听声音来感知零件之间贴合度的高超技艺。多年来，经过他精加工的零件有上千种，出厂合格率为 100%。因此，经过他精加工的零件被同事称为“免检产品”。

梁兵满怀“劳动筑梦、岗位奉献”的美好初心，把练就高超的技艺融入“建功发展、强军报国”的光荣使命中，先后参与了多项国家重点型号武器装备和集团重点产品的生产制造，总结摸索出了多项数控加工绝技，攻克了生产加工中的许多技术难题，为国防建设和集团发展做出了突出贡献。

资料来源：中国兵器工业集团有限公司网站（有改动）

第二节　理解工匠精神

工匠精神对促进国家、企业和个人的发展具有重要意义。学生应从国家、企业、个人这三个方面领悟工匠精神的时代价值，深刻理解工匠精神的重要性，自觉成为工匠精神的传承者和践行者。

一、工匠精神是中国制造前行的精神源泉

制造业是国民经济的主体，是立国之本、兴国之器、强国之基。改革开放以来，我国制造业持续、快速发展，形成了门类齐全、独立完整的产业链，有力地推动了工业化和现代化进程。然而，与世界先进水平相比，我国制造业在自主创新能力、资源利用效率、产业结构水平、信息化程度、质量效益等方面仍有不足。

为完成从“中国制造”向“中国创造”的转变，2015 年 5 月，国务院印发《中国制造 2025》，提出了我国实施制造强国战略第一个十年的行动纲领。为了实现《中国制造 2025》战略目标，必须在全社会大力弘扬工匠精神。只有将执着专注、精益求精、一丝不苟、追求卓越的工匠精神融入设计、生产、经营的每个环节，实现由“重量”到“重质”的转变，中国制造才能赢得未来。

拓展阅读

《中国制造 2025》的战略目标

《中国制造 2025》提出力争通过“三步走”实现制造强国的战略目标。

第一步：力争用十年时间，迈入制造强国行列。到 2020 年，基本实现工业化，制造业大国地位进一步巩固，制造业信息化水平大幅提升。掌握一批重点领域关键核心技术，优势领域竞争力进一步增强，产品质量有较大提高。制造业数字化、网络化、智能化取得明显进展。重点行业单位工业增加值能耗、物耗及污染物排放明显下降。

到 2025 年，制造业整体素质大幅提升，创新能力显著增强，全员劳动生产率明显提高，两化（工业化和信息化）融合迈上新台阶。重点行业单位工业增加值能耗、物耗及污染物排放达到世界先进水平。形成一批具有较强国际竞争力的跨国公司和产业集群，在全球产业分工和价值链中的地位明显提升。

第二步：到 2035 年，我国制造业整体达到世界制造强国阵营中等水平。创新能力大幅提升，重点领域发展取得重大突破，整体竞争力明显增强，优势行业形成全球创新引领能力，全面实现工业化。

第三步：中华人民共和国成立一百年时，制造业大国地位更加巩固，综合实力进入世界制造强国前列。制造业主要领域具有创新引领能力和明显竞争优势，建成全球领先的技术体系和产业体系。

资料来源：中国政府网（有改动）

二、工匠精神是企业竞争发展的品牌资产

在产品功能和价格相近的情况下，人们总是倾向于购买那些耳熟能详、口碑良好的企业所提供的产品。因此，企业越来越重视良好的品牌形象所带来的潜在的、无形的、动态的商业价值。将品牌形象作为一种竞争资本来经营，可以有效提高企业的市场竞争力。

在塑造企业品牌形象、创造品牌资产的过程中，工匠精神起到了十分重要的作用。工匠精神可以体现企业品牌的内涵，给客户以高质量、高标准的印象，有利于提高企业的知名度和美誉度，增强客户黏性，促进企业品牌增值。例如，福耀玻璃工业集团股份有限公司（以下简称“福耀玻璃”）在工匠精神的引领下，几十年如一日，专注于汽车玻璃制造，现在已经成为世界知名的汽车玻璃供应商，其产品质量和生产技术都处于世界顶尖水平，福耀玻璃也成了名副其实的“金字招牌”。图 3-5 是福耀玻璃的生产车间。

图 3-5　福耀玻璃的生产车间

三、工匠精神是个人职业成功的法宝

工匠精神作为一种职业精神，是劳动者提升个人精神境界、提高个人职业素养、实现个人成长进步的重要指引。积极践行和弘扬工匠精神，是劳动者立足职场的重要条件。

劳动者要想轻松迈过企业对技术工人的招聘门槛，必须具备丰富的专业知识和熟练的操作技能。这就要求劳动者必须在学习和工作中坚持执着专注、精益求精、一丝不苟、追求卓越的工匠精神，注重思考和创新，不断丰富自己的专业知识，提高自己的工作能力。

无论从事什么劳动，劳动者都要以勤学长知识、以苦干练技术、以创新求突破，努力成为知识型、技能型、创新型劳动者。劳动者只要积极践行工匠精神，肯学肯干肯钻研，练就一身真本领，掌握一手好技术，就能立足岗位成长成才，就能在劳动中发现广阔的天地，在劳动中体现价值、展现风采、感受快乐。

劳动榜样

大国工匠艾爱国——做到极致　做到最好

2021 年，艾爱国荣获“全国劳动模范”称号，并被授予“七一勋章”。如今，已经 70 多岁的艾爱国，依然奋战在焊接工艺研究和操作技术开发第一线，为加快我国重点工程建设进度，确保钢结构焊接质量安全做出重要贡献。

1969 年，19 岁的艾爱国扛着行李从湖南的罗霄山脉来到湘江边的湘潭钢铁厂做焊工。1983 年，原冶金工业部组织全国多家钢铁企业联合研制新型贯流式高炉风口。如何将风口的锻造紫铜与铸造紫铜牢固地焊接在一起，成为项目的最大难关。当时还是普通焊工的艾爱国，主动请求一试，他提出采用尚未普及的氩弧焊工艺，当时国内还没有先例。

艾爱国用湿棉被挡住身体，用石棉绳包住焊枪，在高于 700℃的高温材料旁持续奋战。寒冬腊月，外面鹅毛大雪，而他一身工作服却拧出了水。整整 5 个月的奋斗后，经 X 射线检查，他焊的 21 个风口全部符合国家技术标准。因在这次攻关中表现突出，艾爱国荣获国家科技进步二等奖。

艾爱国在技术突破上从不满足。全国职工自学成才奖、中华技能大奖、全国五一劳动奖章……半个多世纪以来，他凭借高超技能为我国冶金、矿山、机械、电力等行业攻克 400 多个技术难关，获得了许多奖项。

作为钢铁厂的焊工，艾爱国自称为“钢铁裁缝”。几十年如一日的理论钻研与实践操作，练就了他“钢铁”般的硬本领。

艾爱国在湘潭钢铁厂工作一辈子，最高职务就是焊接班的班长。他的老同事、退休职工李宁记得，20 世纪 80 年代，领导想从职务的角度提拔他，但艾爱国婉言谢绝领导好意，“我还是安心从事自己的岗位”。

“一定要保持工人本色，当工人就要当一个好工人。”艾爱国说。

干到老、学到老，艾爱国坚信，实践中遇到的问题，都可以在理论中找答案。在高难度的焊接任务中，有很多罕见的金属材料。通过反复研究、多次实验，艾爱国对各类材料的优缺点都了然于胸。组建焊接研究室后，他的工艺研究对提高焊接技术起到了巨大作用。令全厂职工称奇的是，为了更好地从事科研，艾爱国 58 岁时还自学了五笔打字和工程制图软件。

50 多年来，艾爱国以“拼命三郎”的劲头引领着我国焊接事业不断发展。“我对自己的技术要求是达到极致。只有做到极致，才能发挥党员的先锋模范作用。”他说。

资料来源：工人日报（有改动）

第三节　践行工匠精神

随着社会的发展和时代的进步，一些传统技艺因不适应现代社会而逐渐消失，但其承载的工匠精神却传承了下来，永不过时。大学生作为新时代的先锋力量，应用行动践行工匠精神，为实现中华民族伟大复兴而奋斗。践行工匠精神，可以从以下三点入手。

一、审视工匠的作用与地位

一些人错误地认为工匠只是技术工人，难登大雅之堂。这是因为这些人没有认识到工匠在人类文明发展史上的重要作用，更没有认识到工匠精神对一个民族和国家发展的重要意义。

我国古代的鲁班、欧冶子、李春、陆子冈等能工巧匠凭借自身高超的技艺和卓越的成就名垂青史，他们身上体现出来的工匠精神如今依然被人们所传颂，并激励着一代代中华儿女前行。那些在平凡岗位上钻研技术、攻克难关的工匠以身作则，向青年一代展现了工匠精神的含义，为青年觉醒和奋斗提供了源源不断的精神支持。

大学生应重新审视并正确认识工匠的作用与地位，学习他们精湛的技艺和高尚的职业操守，从工匠精神中汲取力量，不断完善自我，努力成为合格的社会主义建设者和接班人。

劳动榜样

千年前的桥梁工匠——李春

李春是我国隋代著名的桥梁工匠，举世闻名的赵州桥（见图 3-6）就是他最伟大的杰作之一。李春在修建赵州桥时，创造性地采用了敞肩圆弧拱式桥梁设计，达到了降低桥面高度、增加桥梁跨度的双重目的，使赵州桥既便于排洪，又节省材料，而且美观。赵州桥的建成，开创了我国桥梁建造的崭新局面。

图 3-6　赵州桥

赵州桥素有“坦途箭直千人过，驿使驰驱万国通”的美誉。船舶在桥下航行，车马从桥上驶过，赵州桥为洨河两岸的交通运输提供了便利条件。赵州桥建成至今已有 1 400 多年，承受了无数人、畜、车辆的重压，经历了 8 次以上地震和 8 次以上战争的考验，饱经风霜却仍然屹立在洨河上。

中华人民共和国成立后，赵州桥被列为全国重点文物保护单位，有关部门对这一古桥进行了彻底维修。赵州桥是中华民族智慧的象征，李春所展现出来的工匠精神，也成为民族精神的重要组成部分。

资料来源：博雅人物网（有改动）

二、传承工匠精神

我们身边总有一些人，他们严格要求自己，对产品精雕细琢，在实践中不断传承和发扬工匠精神，不断为工匠精神注入新的内涵，使工匠精神历久弥新。例如，一生清贫、只守一架琴的巫漪丽；坚持 20 多年，潜心钻研铁轨机械的信恒均；修旧如旧，尽自己最大努力让古钟（见图 3-7）“延年益寿”的王津；等等。他们都是工匠精神的传人，都是值得我们学习的大国工匠。

图 3-7　王津修复的古钟

大学生应向这些大国工匠看齐，向他们学习，通过参加校园劳动、社会实践活动等，在劳动中传承、丰富工匠精神。

三、争做时代楷模

党的二十大报告提出，“坚持尊重劳动、尊重知识、尊重人才、尊重创造”“加快建设国家战略人才力量，努力培养造就更多大师、战略科学家、一流科技领军人才和创新团队、青年科技人才、卓越工程师、大国工匠、高技能人才”。改革开放以来，我国制造业快速发展，综合实力和国际竞争力显著增强，但仍存在许多问题。拥有一支技艺超群、敬业奉献的技能人才队伍，是建设制造强国的有力保障。

大学生要以实现国家富强、民族振兴、人民幸福为己任，积极传承和践行工匠精神，将个人梦想与国家的前途、民族的命运紧密地结合起来，以勤学苦干、敢于创新的精神激励自己投身于建设中国特色社会主义伟大实践中去，争做时代楷模。

躬身践行——“匠心、传承、创新”话剧颂匠心活动

【劳动任务】

学习、弘扬、践行工匠精神，是对每个肩负中华民族伟大复兴任务的劳动者的要求。作为国家未来的高素质技能人才，我们更应为营造劳动光荣的社会风尚和精益求精的敬业风气而努力，为成为知识型、技能型、创新型劳动者大军中的一员而奋斗，自觉传承、践行工匠精神。

全班同学以“匠心、传承、创新”为主题，围绕大国工匠的匠心故事排一场话剧，讲述匠人奋斗故事，感受匠心力量，传承工匠精神。

【劳动分组】

全班学生按自己的意愿加入各工作小组，将小组成员及分工情况填入表 3-1 中。

表 3-1　小组成员及分工情况

组织设置	工作内容	岗位设置
策划组	负责沟通及协调工作，包括联系演出场地、时间，策划演出流程、彩排安排，以及演出过程的摄影、录像等	组长： 组员：
资料搜集组	搜集大国工匠的感人故事，为剧本撰写组提供支持	组长： 组员：
剧本撰写组	撰写剧本	组长： 组员：
后勤道具组	准备服装与道具，布置舞台，提供后勤与支持等	组长： 组员：
演员组	选择自己适合的角色进行表演	______饰______ ______饰______ ______饰______ ______饰______ ______饰______ ______饰______ ……

【劳动准备】

（1）掌握剧本的写作要点。

（2）掌握一定的表演技巧。

【劳动计划】

小组商议，制订出具体的工作计划，填入表 3-2 中。

表 3-2　工作计划

步骤	工作内容	时间安排	负责人
1			
2			
3			
4			
5			

【劳动实施】

按照工作计划，开展“匠心、传承、创新”话剧颂匠心活动。将具体的实施情况记录在表 3-3 中。

表 3-3　实施情况

时间安排	实施步骤
	1．资料收集组搜集大国工匠的故事，反复筛选后，提供 3～5 个故事供全班同学挑选 （1） （2） （3） （4） （5）
	2．剧本撰写组在资料搜集组的支持下，根据最终选定的匠心故事编写剧本 剧本梗概：

（续表）

时间安排	实施步骤
	3．全班同学集体讨论剧本，全体无异议后将剧本交由老师审核，审核完成后，修改、定稿
	4．演员组根据所选角色，排练剧目
	5．后勤道具组准备剧中所需服装和道具
	6．策划组确定彩排与演出时间、地点及人员分工，并做好宣传工作

【劳动评价】

教师可参考表 3-4 对各小组“匠心、传承、创新”话剧颂匠心活动进行评价。

表 3-4　活动评价表

项目名称	评价内容		分值	评价分数		
				自评	互评	师评
素养评价 20%	具有合作精神，能齐心协力完成任务		10 分			
	积极、认真参加实践任务		10 分			
剧本评价 30%	剧情合理、贴合主题		10 分			
	言语通顺、符合逻辑		10 分			
	事迹感人、体现时代精神		10 分			
服化道评价 20%	服装整齐、贴合人物形象		8 分			
	道具简洁、合理		6 分			
	舞台布置美观		6 分			
表演评价 30%	表演认真、细致、生动		15 分			
	表演过程流畅，无忘词、笑场等现象		15 分			
合计			100 分			
总评	自评（20%）+互评（20%）+师评（60%）=	综合等级：	教师（签名）：			

【劳动总结】

第二篇 生活全能

SHENGHUO QUANNENG

第四章 家务自理，自立自强

劳动也是一种学习，它不但能使学生将课堂上学到的理论知识通过动手实践得到验证和深化，更是认识世界的一种方式。

正所谓“一屋不扫，何以扫天下？”只有从一根线、一粒米的小事做起，由近及远，由小及大，成长的基石才能一层层夯实，人生的扣子才能一粒粒扣紧。

学习目标

知识目标

★ 掌握衣物清洗常识、熨烫实用技巧、衣物缝补技巧和收纳操作指南。

★ 熟悉如何选购食材、制作冷菜和热菜。

★ 了解调味品与火候、饮食营养与健康等的相关知识。

★ 掌握如何扫地拖地、门窗除垢等的相关知识。

★ 了解家用器物养护与维修的相关知识。

素质目标

★ 主动承担家务劳动，在家务劳动中感知劳动的魅力。

★ 从小事做起，培养良好的生活习惯。

实践目标

★ 培养持之以恒的毅力。

★ 养成良好的习惯并坚持下去。

思想导读

高校开设做饭课，有必要吗？

某大学在新学期的课程中增设了一门名为“家常菜”课程。这门课是学校试点开设的劳动教育课程，共开设两个教学班，人数均为20人，学分为1分。除必要的理论知识外，实践操作占据了这门课大多数的学时。这门课将教授青椒土豆丝、八宝辣酱、菠萝咕咾肉、干烧大虾、水饺、蔬菜包、面包和蛋糕的制作方法。

这个光看课程大纲就让人馋涎欲滴的烹饪课，引发了网络热议。部分网友提出了疑问：让大学生在课堂上学烹饪，真的有必要吗？

大学作为教书育人的最高殿堂之一，其课程设置一定程度上反映着社会重要研究议题，同时也承担着指引科学文化事业发展方向的责任。比起涉及国计民生的科研事业，烹饪似乎更像是一个家长里短的“小事情”。

但事实上，“小事情”和“大事业”并不存在冲突。而在大学开设烹饪课这样的“小事情”也有其独到的意义。

烹饪是一种劳动，也是一门有着悠久历史的艺术。烹饪本身也是一种发现美、创造美的过程。通过学习烹饪，学生们懂得了珍惜粮食，学会了感恩父母，也能在实践中进行触类旁通的创新，同时，还能在学业压力之余，收获一份淳朴的快乐……作为一项劳动技能，烹饪的价值不胜枚举。

“一屋不扫何以扫天下”，这句话恰如其分地诠释了劳动与事业的内在联系。对于当下社会而言，全面发展的人才不仅需要“上知天文下知地理”的知识储备，同样也得具备“上得厅堂下得厨房”的生活技能。

劳动没有高低贵贱之分，劳动也没有止境之说。只要愿意通过努力劳动付出，都是对社会有价值的贡献，这或许也是烹饪课等劳动教育课程所要向社会传递的价值观。“幸福存在于生活之中，而生活存在于劳动之中。”开设烹饪课不只是为了教会学生烹饪技能，更重要的是让学生通过劳动明白生活的意义。

资料来源：光明网（有改动）

想一想

（1）你认为高校开设“做饭课”“种田课”“家政课”有必要吗？说出你的理由。

（2）你平时在家做家务吗？你会哪些家务呢？

第一节　正衣冠

千里之行，始于足下。一个人如果想有所成就，就不能忽视那些不起眼的小事。在日常生活中养成良好的劳动习惯，就应从洗衣、熨烫、缝补、收纳等小事做起。

一、衣物清洗常识

（一）洗前的准备工作

1. 区分衣物

在清洗衣物之前，应将衣物区分开来，以免其中部分衣物受到其他衣物的污染，具体如下：

（1）内衣与外衣要分开。

（2）儿童的衣物与成人的衣物要分开。

（3）健康人的衣物与病人的衣物要分开。

（4）不同颜色的衣物要分开。

2. 区分衣物面料

常见的衣物面料包括纺织纤维和皮革等。纺织纤维包括天然纤维和化学纤维，其中，天然纤维包括植物纤维（如棉、麻等）和动物纤维（如羊毛、蚕丝等），化学纤维包括人造纤维（人造毛、人造棉、人造丝等）和合成纤维（涤纶、腈纶、氨纶、丙纶等）。皮革由真皮、再生皮和人造革组成。不同的面料具有不同的特点，应采用不同的清洗和保养方法，具体见衣物上的水洗标（见图 4-1）。

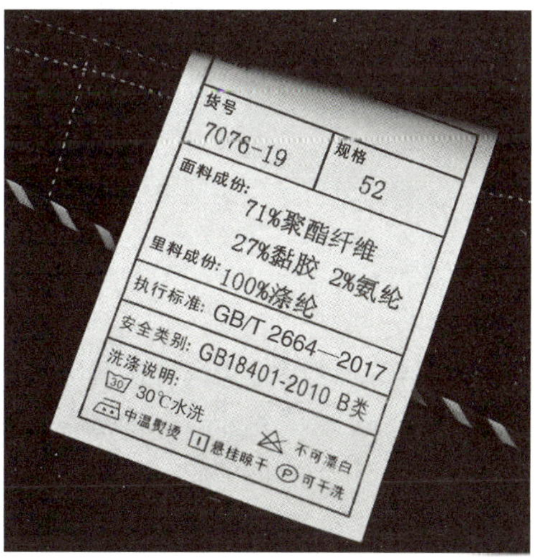

图 4-1　水洗标

3. 检查衣物表面及口袋

检查衣物表面是否有难以清洗的脏东西（如油漆、嚼过的口香糖等），如有，应在清洗前处理掉；检查衣物口袋中是否有钱币、首饰、票据、卫生纸等，如有，应及时取出。

（二）清洗方法

清洗衣物的方法主要包括手洗和机洗两种。

1. 手洗

（1）可用手洗的衣物：丝（麻）织品，人造棉、毛、丝等制品，羽绒制品，沾有汽油的衣物等。另外，可机洗的衣物，如果领口、袖口等部位污物很多且用机洗难以洗净时，可先用手洗再用机洗。

（2）手洗衣物的要求：① 注意领口、袖口等容易脏的地方；② 根据衣物的面料，对衣物进行合理浸泡，但应注意浸泡时间；③ 要用清水将衣物漂洗干净。

（3）手洗衣物的基本方法。常见的衣物清洗手法有搓洗、刷洗、拎洗、揉洗等。

2. 机洗

家庭中使用的洗衣机可分为两类：一类是全自动洗衣机，另一类是半自动洗衣机。

（1）用全自动洗衣机清洗衣物时，可根据衣物情况选择合适的清洗功能进行清洗。

（2）用半自动洗衣机清洗衣物时，可按以下程序操作：

① 注水。根据所清洗衣物的数量，向洗衣机水桶注入适量的水（水量应在机器规定的上下限水位内），倒入适量的清洗剂，然后放入要清洗的衣物。

② 洗涤。根据要求选择清洗模式，并按衣物面料和衣物脏污程度选择清洗时间。

③ 漂洗。洗完后漂洗 2～3 次，每次 2～3 分钟，直至衣物干净。

④ 脱水。将洗干净的衣物均匀地放入脱水桶内，放好脱水桶压盖，盖好桶盖进行脱水。

⑤ 取出。脱好水后，及时取出衣物晾晒。

（三）晾晒方法

科学合理地晾晒衣物，是保持衣物良好形态的重要环节。在衣物清洗完毕后，要根据衣物的面料、颜色等来确定晾晒方法。以下简要介绍几类不同面料衣物的晾晒方法：

（1）棉麻类衣物，一般可放在阳光下直接晾晒，为避免褪色，衣物最好反面朝外。

（2）丝绸类衣物，其耐光性差，经暴晒后会褪色，因此应反面朝外，放在阴凉通风处自然晾干，严禁用火烘烤。

（3）毛料衣物，反面朝外，放在阴凉通风处晾干。

（4）化纤类衣物，在阴凉处晾干，不宜在日光下暴晒，以免面料发黄。

课堂活动

刘女士在朋友圈招聘保姆照顾自己上大一的女儿，这一举动引发网友热议。刘女士称自己平时很忙，没有时间照顾女儿，女儿虽然上大学了，但是从小没做过家务，所以想找一个保姆照顾女儿。

请问：（1）你如何看待刘女士给上大学的女儿招聘保姆这一举动？

（2）你在家是否常做家务？在学校是否能整理好自己的“一亩三分地”？

二、熨烫实用技巧

（一）熨烫步骤

（1）向熨烫机内注水。最好向熨烫机内注入冷开水或纯净水，因为冷开水或纯净水加热后一般很少会产生水垢，有利于避免熨烫机的喷气孔被水垢堵塞。

（2）选择温度。熨烫机上一般会有调节温度的旋钮，使用时可根据衣物的材质选择不同的温度，也可根据衣物水洗标上标注的熨烫标志选择合适的温度。常见的熨烫标志及其含义如表 4-1 所示。

表 4-1 常见的熨烫标志及其含义

熨烫标志	含义
	不可熨烫
	（1）熨斗底板最高温度为 110℃ （2）蒸汽熨烫可能造成不可回复的损伤
	熨斗底板最高温度为 150℃
	熨斗底板最高温度为 200℃

（3）熨烫。应在水温达到所调温度后再开始熨烫，因为在温度不够时，无法达到理想的熨烫效果。熨烫过程中应保持衣物平整，以免在衣物上留下新的褶皱。

（4）熨烫完的衣物不要马上放入衣柜，而应先挂在通风处，待衣物干透之后再放入衣柜，以免衣物发霉。

（二）不同面料衣物的熨烫方法

（1）棉麻衣物。棉麻衣物的熨烫温度一般为 160～200℃。

熨烫要领：动作敏捷，但速度不能过快；往返熨烫的次数不宜过多；用力不宜过猛；熨烫淡色棉麻衣物时应保持匀速，以免衣物局部因熨烫时间过长而发黄。

（2）丝质衣物。丝质衣物的熨烫温度一般为 110～120℃。丝质衣物的熨烫温度不能过高，以免衣物褪色、软化、变形等。

熨烫要领：垫布熨烫或熨烫衣物反面；要不断移动熨烫机的位置，以免产生印迹或水渍，影响衣物的美观性。

（3）皮衣。皮衣的熨烫温度一般在 80℃以下。

熨烫要领：垫干燥的薄棉布进行熨烫；用力要轻，以防损坏衣物。

（4）毛织衣物。对于毛织衣物，要根据衣物的厚度来选择熨烫温度，一般而言，薄款毛织衣物的熨烫温度在 150℃以下，厚款毛织衣物的熨烫温度在 200℃以下。

熨烫要领：垫湿布熨烫；平稳地移动熨烫机，移动速度不宜过快。

（5）合成纤维衣物。不同的合成纤维衣物，其耐热程度各不相同。在对合成纤维衣物进行初次熨烫前，可先在衣物里面不明显的部位试熨，在调整好熨烫温度后，再进行大面积熨烫。

三、衣物缝补技巧

扫一扫

实用缝补法大比拼

缝补衣物的常用针法有平针缝、藏针缝、锁边缝、包边缝、扣眼缝等。

（1）平针缝（见图 4-2）是最基础的针法，也是最常用的针法。这种针法主要用于拼接布料和缝制衣物轮廓。采用这种针法时要注意针脚间隔均匀，一般为 3 毫米左右，也可根据实际情况调整。

图 4-2　平针缝

（2）藏针缝（见图 4-3）是一种很实用的针法，能够有效隐匿线迹，常用于缝制衣物上不易在反面缝合的区域。

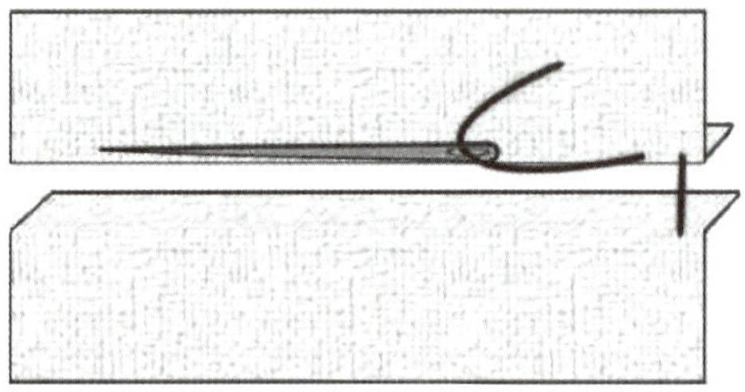

图 4-3　藏针缝

（3）锁边缝（见图 4-4）一般用于缝制织物的毛边，以防织物的毛边散开。

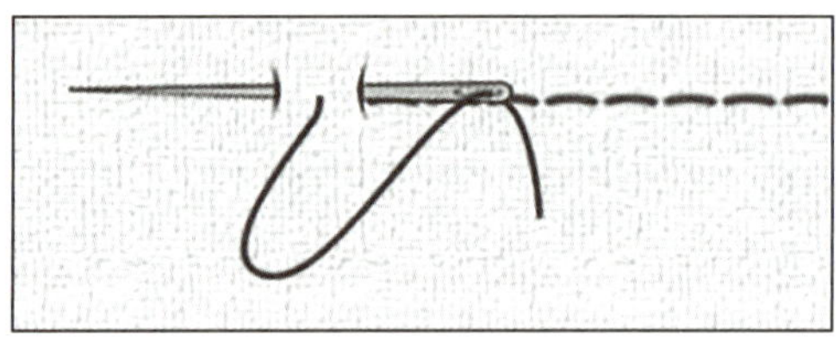

图 4-4　锁边缝

（4）包边缝（见图 4-5）、扣眼缝（见图 4-6）与锁边缝的用途相同，但装饰性和实用性更强。

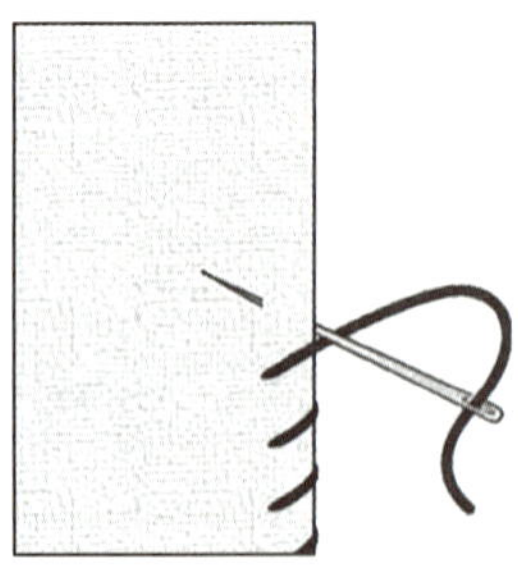

图 4-5　包边缝

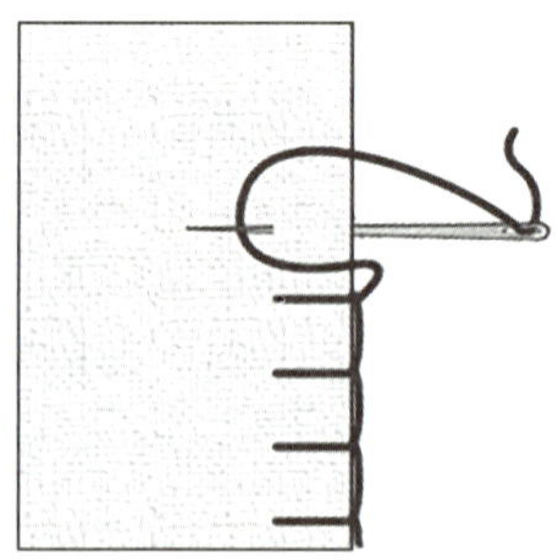

图 4-6　扣眼缝

课堂活动

情景一：小明在跑步时不小心摔倒，磕破了裤子，准备自己动手缝好。

情景二：母亲节就要到了，小菲想亲手缝制一个香囊送给妈妈。

请问：在上述两种情景中，小明和小菲分别应采用哪种针法？

四、收纳操作指南

（一）折叠衣物

（1）折叠衬衣的要领：① 将衬衣摊开并抚平，系上纽扣；② 将衬衣翻过去，使衬衣正面在下，背面在上；③ 将衬衣抚平，以纽扣为中心，将两边的衣袖向中间折叠，再将衬衣下摆向上折叠；④ 将衬衣翻过去，使衬衣正面在上；⑤ 整理抚平。

（2）折叠西裤的要领：① 拉上拉链，扣上扣子；② 将西裤的两条裤线对齐，然后用手将西裤抚平；③ 将西裤沿裤线对折两次。

（3）折叠无裤线的休闲裤的要领：① 拉上拉链，扣上扣子；② 以裤裆为中心，将两条裤腿对折后抚平；③ 将裤子沿裤缝线对折两次。

（4）折叠羽绒服的要领：① 拉上拉链，扣上扣子；② 将羽绒服摊开并抚平；③ 将衣袖平行叠于胸前；④ 将衣服下摆向上折叠至所需大小；⑤ 双手慢慢挤压出羽绒服内的空气。

（5）折叠棉被的要领：① 将棉被平铺在床上；② 将被子较长的一边向内折叠三分之一，再将与该边对称的另一边向内折叠三分之一，使被子叠成长条状；③ 将被子较短的两宽边分别向内折叠四分之一，中间留一条缝隙，最后沿缝隙对折。

扫一扫

衣服收纳小技巧

（二）摆放衣物

（1）西服。西服是立体剪裁，不宜折叠，因此最好用两端较宽的衣架将其撑起，再挂在衣柜中（见图 4-7），以免西服变形，影响美观性。对于暂时不穿的西服，应用专用衣罩罩起来，并挂在衣柜内，以保持西服整洁。

图 4-7　挂在衣柜中的西服

（2）羽绒服。对于羽绒服，要拉上拉链或扣上扣子，平摊后抚平，按羽绒服折叠方法折叠后放入衣柜。

（3）棉衣。对于棉衣，要拉上拉链或扣上扣子，平摊后抚平，左右衣袖平行交叠在胸前，将衣服下摆向上折叠好，放入衣柜。需要注意的是，棉衣容易受潮生霉，必须拆洗干净，晒干、晾凉后再放入衣柜。

（4）小衣物。内衣、袜子等小衣物，可将其卷好后放入抽屉中，如图 4-8 所示。

图 4-8　将小衣物收纳于抽屉中

（5）棉被、毛毯。应按相应的折叠方法将棉被、毛毯折叠成合适的大小摆放。棉被、毛毯吸湿性强，可先将其装入密封性较好的包装袋中（见图 4-9），再放入衣柜。

图 4-9　将棉被装入密封性较好的包装袋中

（三）收纳鞋帽

对于不同材质的鞋子，应采用不同的收纳方法。对于布鞋，可将其晒干后直接放入鞋盒；对于需要刷鞋油保养的鞋子（如皮鞋），应刷好鞋油后再放入鞋盒。

针织帽子洗净晒干后可直接存放在衣柜内，外形立体的帽子应挂放在衣柜内，必要时可用物品填充，以防变形。

第二节　调五味

对于即将迈入社会的大学生来说，做饭这样的“小事”，常常成为考验其独立生活能力的“大事”。从“家常菜”到“营养均衡、色香味俱佳的佳肴”，做饭不仅是一项生活技能，而且是一项能让人们享受烹饪乐趣、用美食调剂生活的活动。

一、选购食材

选购食材前，要确定用餐人数、购买数量和购物地点。需要注意的是，最好从货源可靠的购物地点购买食材。例如，蔬菜、肉、蛋、禽、水产类食材可到大菜市场购买，奶制品、速冻食品、调味品等可到正规超市购买。

（一）选购安全的食材

选购食材时，要特别注意食材的安全问题。选购安全的食材，可从以下几个方面进行。

1．检查食材的品质状况

可以运用感官，依据经验来判断食材的品质。例如，用鼻子鉴别食材的气味，判断其是否散发异味；用眼睛观察食材的外部特征，查看其是否霉变、腐败；敲击食材（如禽蛋）的外壳，用耳朵辨别发出的声音是否正常；用舌头品尝食材的味道，辨别其味道是否正常；用手触摸食材的表面，了解其弹性和软硬程度是否正常。

2．查看食材的卫生状况

观察购物环境是否卫生，如有没有苍蝇、蟑螂、老鼠等；操作人员是否按规范进行操作，如是否佩戴口罩；抹布、案板、容器及其他相关工具是否按规范使用；等等。

3．识别食材的标签

可从食材的标签上了解食材是否安全：

（1）认证标志。很多食材的包装上都有认证标志，如有机食品标志、绿色食品标志（见图 4-10）、无公害农产品标志（见图 4-11）等，这些标志代表着食材的安全品质和管理质量。

图 4-10　绿色食品标志

图 4-11　无公害农产品标志

（2）生产日期和保质期。食材的保质期是指食材在正常条件下可以保证质量、安全使用的期限，是食材的最佳使用期。不宜使用时间超过标签上标注的保质期的食材。此外，从生产日期和保质期上，还可以判断食材的新鲜程度，从而避免购买过期食材。

（3）配料表。查看食材配料表中的配料是否符合要求，是否添加了不利于人体健康的食品添加剂。

（二）选购健康的食材

在选购食材时，要特别注意食材的营养价值，尽量做到科学搭配。人体所必需的营养素有蛋白质、脂肪、碳水化合物、矿物质、维生素、水等。这些营养素主要通过以下食物获取：

（1）粮食。粮食（如大米、小麦、玉米、红薯、大豆等）是传统膳食的主体，含有碳水化合物及人体所需的其他微量元素等，是人体能量的主要来源。

（2）肉类。肉类包括各种畜肉、禽肉、鱼肉等，主要含有优质蛋白质、脂肪、无机盐和维生素等，营养价值较高，有利于提高人体免疫力。

（3）蔬菜和水果。蔬菜和水果主要含有维生素、无机盐、膳食纤维等，在为人体提供能量的同时，也能促进肠蠕动，预防便秘，促进体内的废物和毒素排泄等。其中，水果中含有维生素 C，可增强人体免疫力；含有丰富的葡萄糖、蔗糖、果糖等，能直接被人体吸收，产生热能。

二、调味品与火候

（一）调味品

调味品是指在饮食、烹饪和食品加工中广泛应用的，用于调和滋味和气味并具有去腥、除膻、解腻、增香、增鲜等作用的物品。日常生活中，常见的调味品有油、盐、酱油、醋、味精、鸡精、芝麻油、酱类（如芝麻酱、番茄酱等）、豆豉、腐乳（如红腐乳、白腐乳等）、蚝油、鱼露、料酒，以及香辛料（如辣椒、桂皮、八角等）等，如图 4-12 所示。

图 4-12　调味品

（二）火候

烹饪菜肴十分讲究火候，如果没有把握好火候，所烹饪的菜肴或烧焦、或未煮熟、或失去应有的味道。一般可根据以下两点来确定火候：

（1）食材的性质。如果食材较软、嫩、脆，宜用旺火进行短时间烹煮；如果食材较硬、老、韧，宜用小火进行长时间烹煮。

（2）烹饪技法。采用炒、爆、炸等烹饪技法制作菜肴时多用旺火，采用烧、炖、煮、焖等烹饪技法制作菜肴时多用小火。

课堂活动

你知道哪些关于烹饪的知识？跟同学们分享一下吧。

三、制作冷菜和热菜

（一）制作冷菜的方法

冷菜又称凉菜，是人们在日常生活中经常食用的一类菜肴，如凉拌黄瓜（见图 4-13）、凉拌黑木耳、蔬菜沙拉等。

图 4-13　凉拌黄瓜

以下简要介绍几种日常生活中常用的制作冷菜的方法：

（1）拌。拌是指将食材切成丝、片、条或块等形状，加入调味品搅拌后，直接食用的菜肴制作方法，代表菜肴有葱油拌海蜇、麻辣肚丝等。由于使用的调味品不同，以拌制作而成的冷菜的味道也有诸多变化，如咸鲜味、甜酸味、酸辣味、芥末味、椒麻味、麻辣味等。

（2）腌。腌是指用盐、糖、醋、料酒等制作成调味汁，再将食材放入调味汁中，使调味汁渗透于食材中的菜肴制作方法，代表菜肴有酸白菜、糟鸡、醉蟹等。腌制而成的冷菜脆嫩爽口。

（3）卤。卤是指将食材放入用调味品配好的卤汁中烹煮至熟，然后晾凉的菜肴制作方法，代表菜肴有卤鸭、卤肫等。卤有白卤、红卤之分，其中，白卤是放盐、水和香料烹煮；红卤是放酱油、糖、水和香料烹煮。

（4）炝。炝是指将切成一定形状的食材进行制熟处理（如焯水），之后趁热加入调味品搅拌均匀，再晾凉的菜肴制作方法，代表菜肴有炝西蓝花、炝生菜等。

（5）油炸卤浸。油炸卤浸是指用油将食材炸制后，将食材倒入调配好的调味汁中浸渍或进行加热收汁，使调味汁渗透食材的菜肴制作方法，代表菜肴有油爆虾、油爆鱼等。

（二）制作热菜的方法

热菜是指经过蒸、炒、煎、炸、焖、烤等程序制作而成的，需趁热食用的菜肴。热菜的种类很多，制作方法多样，以下简要介绍几种日常生活中常用的方法。

扫一扫

烹饪使我快乐

（1）蒸。蒸是指将食材直接放入或调味后放入蒸锅中，以蒸汽将其加热至酥烂入味的菜肴制作方法，代表菜肴有东坡肉、粉蒸肉等。

（2）炒。炒是指将食材切成丁、丝、片等形状后，放入热油锅内，加入适量的调味品，快速翻炒搅拌的菜肴制作方法，代表菜肴有芹菜炒肉、番茄炒鸡蛋等。

（3）炖。炖是指将食材切成丁、丝、片等形状后，放入装有调味品的炖锅中，再倒入适量的水，用小火进行长时间烹制，使食材熟软酥烂的菜肴制作方法，代表菜肴有鸡肉炖蘑菇（见图 4-14）、猪肉炖粉条、排骨炖豆角等。炖制而成的菜肴具有汤多味鲜，保持原汁原味，形态完整，松而不碎等特点。

图 4-14　鸡肉炖蘑菇

（4）煎。煎是指在锅中倒入少量油并加热，再放入切成扁平状的食材，将食材用小火煎至两面金黄即可的菜肴制作方法，代表菜肴有香煎豆腐、生煎牛排等。

（5）煮。煮是指将食材放入装有适量水的汤锅中，再加热至食材成熟的菜肴制作方法，代表菜肴有开水白菜、水煮肉片等。

（6）炸。炸是指将食材切成一定形状，再放入调好的调味汁中腌渍入味，然后进行拍粉或挂糊，最后放入油锅中加热成熟的菜肴制作方法，代表菜肴有蒜香排骨（见图 4-15）、椒盐小黄鱼等。炸制而成的菜肴具有外香酥、里鲜嫩的特点。

图 4-15　蒜香排骨

拓展阅读

烹饪的注意事项

1．用火安全

在使用燃气灶烹饪食物时，应注意以下四点：

（1）烹饪过程中不要远离厨房，以防汤水溢出浇灭火苗造成燃气泄漏。

（2）厨房内禁止存放酒精、汽油等易燃危险物品，以免引起火灾。

（3）保持燃气灶周围空气流通。

（4）若闻到燃气味或者怀疑燃气泄漏，则应立即关闭燃气阀门和附近的火源，同时打开门窗进行通风，注意不要开关任何电器，包括手机。若燃气味浓烈，则应立即离开现场并打电话报警，同时通知邻居撤离。

2．用电安全

在使用电饭煲、电磁炉等电器烹饪食物时，应注意以下两点：

（1）不用未擦干的手接触电器及电器装置，以防触电。

（2）用完电器后，应关掉开关并拔下插头，以防电器因长时间通电而损坏。

3．烹饪工具使用安全

在使用烹饪工具的过程中，应注意以下四点：

（1）玻璃器皿、瓷器不能摆放在操作台边缘，以免摔破伤人。

（2）在使用刀具前，应检查刀具，确保刀具完好无损，以免在使用过程中发生意外。

（3）在用刀具处理食材时，应使用正确的握刀姿势和扶料姿势，如图 4-16 所示。

握刀姿势

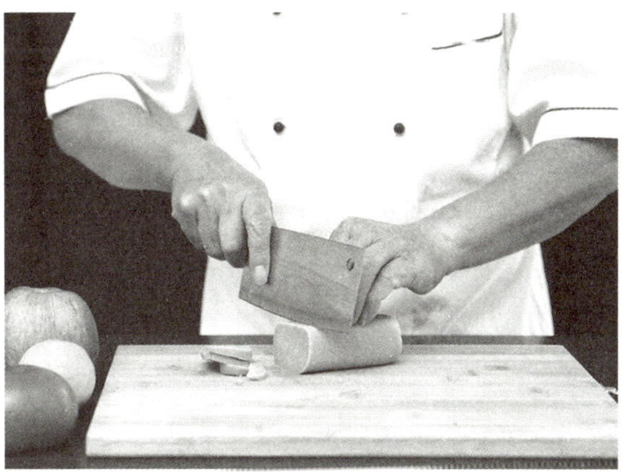

扶料姿势

图 4-16　正确的握刀姿势和扶料姿势

（4）在用完刀具后，应将其插入刀套或放入刀架内，不得将其放在操作台边缘及过高处，以免坠落伤人。

4. 其他注意事项

除上述注意事项外，在烹饪食物时，还应注意以下三点：

（1）制作菜肴时，锅内的汤水不宜过多，以免溢出引发意外。

（2）在拿刚蒸好或烤好的食物时，应戴隔热手套。若没有隔热手套，则可用干毛巾代替。

（3）为减少烹饪过程中热油飞溅的情况，应提前滤干食材上的水分。

四、饮食营养与健康

营养均衡的膳食不仅可以保证人体各项生理功能的正常运行，还可以提高人体的抵抗力和免疫力，有利于预防和抵抗某些疾病。

根据中国营养学会编制的《中国居民膳食指南（2022）》，一般人群可遵循以下八条膳食准则：① 食物多样，合理搭配；② 吃动平衡，健康体重；③ 多吃蔬果、奶类、全谷、大豆；④ 适量吃鱼、禽、蛋、瘦肉；⑤ 少盐少油，控糖限酒；⑥ 规律进餐，足量饮水；⑦ 会烹会选，会看标签；⑧ 公筷分餐，杜绝浪费。

图 4-17 为中国居民平衡膳食宝塔（2022）。

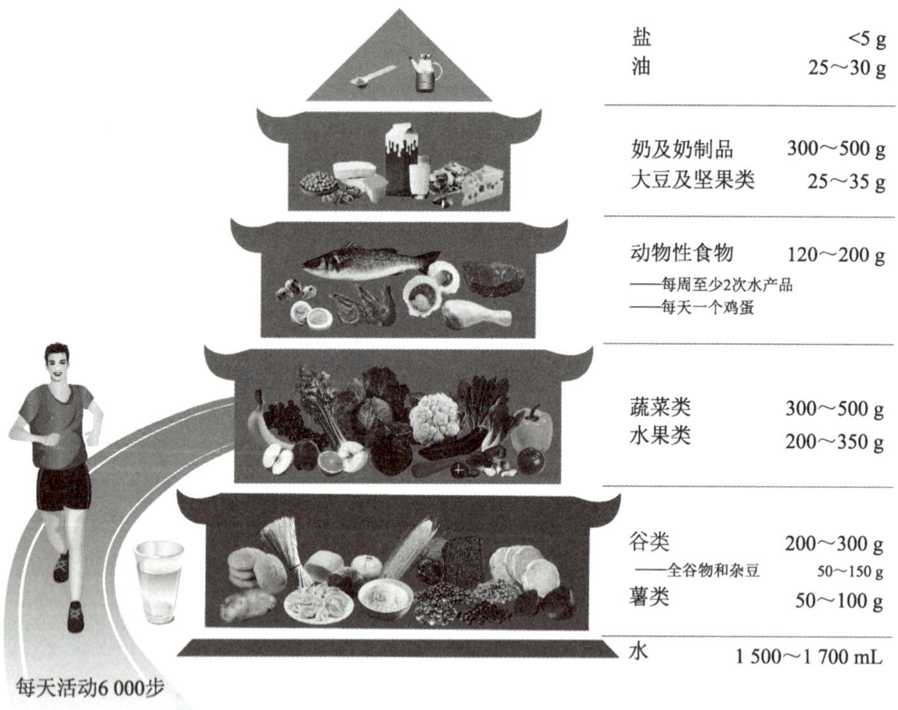

图 4-17　中国居民平衡膳食宝塔（2022）

第三节　律起居

养成良好的生活习惯，作息规律，保持屋舍整洁、物品井然有序，过一种“有序”的生活，能让我们心情舒畅，对我们的学习和工作也有很大的促进作用。

一、作息规律

研究表明，作息合理、规律能提高人体的免疫力，降低疾病发生的概率。在安排作息时间时，可参考表 4-2。

表 4-2 作息时间表

时间段	作息安排
6:30—7:30	起床。伸展腰肢，呼吸新鲜空气，喝杯温水，为一天的学习和工作做好准备
7:30—9:00	吃早餐。时间再紧也要吃早餐，因为它可以帮助人体维持血糖稳定，为上午的学习和工作提供能量
9:00—11:00	这个时间段是学习和工作的第一个黄金时段。大部分人在这两个小时内头脑最清醒、思路最清晰，因此可以在该时间段内处理难度较大或较复杂的问题
11:00—12:00	吃点水果。在经过较长时间的学习和工作后，人体的血糖会有所下降，可能导致人无法集中注意力。此时可以吃点水果，及时补充血糖
12:00—13:00	吃午餐。丰富的午餐能为人体提供能量，使人精神抖擞
13:00—14:00	午休。每天保证 30 分钟的午休时间会使人精力充沛，还能起到保护心脏的作用
14:00—18:00	这个时间段是学习和工作的第二个黄金时段。此时身体和大脑都处于一天的巅峰状态，应在该时间段内做细致而繁杂的工作
18:00—19:00	吃晚餐。晚餐应多吃蔬菜，少吃高热量食物。同时要注意，晚餐应少吃，吃太多会引起血糖升高，并增加消化系统的负担，影响睡眠质量
19:00—21:00	可根据个人需求进行体育锻炼，这样既能消耗晚餐中的热量，又能轻松瘦身
20:00—22:30	做一些放松身心的活动，如看书、听音乐等
22:30	上床睡觉。每天应尽量保证 8 个小时的睡眠时间

课堂活动

参考表 4-2，为自己设计一份合理的作息时间表。

二、屋舍整洁

（一）扫地拖地

1. 扫地小技巧

扫地的小技巧如下：

（1）清扫室内地面时，尽量使扫帚不离地面；挥动扫帚时，可稍用力向下压，这样既能清扫灰尘和垃圾，又能防止灰尘扬起；一般从狭窄处扫向宽敞处，从边角处扫向中央处，从屋里扫向门口。

（2）地上毛发较多时，可将废弃的丝袜套在扫帚上扫地。丝袜在与地面摩擦时会产生静电效应，很容易吸附地上的毛发和灰尘。如果没有丝袜，套塑料袋也可以起到同样的作用。

（3）清扫楼梯时，可以站在下一阶，将垃圾从两端扫至中央再往下扫。这样能有效防止垃圾和灰尘从楼梯旁往下掉。

（4）清扫室外区域时，应顺着风向扫，以免扫过的区域被再次弄脏。

2. 拖地小技巧

拖地的小技巧如下：

（1）巧用食盐。用温水加上食盐拖地，不仅能加快地面上水的蒸发速度，使地上不留水渍，还能杀菌、抑菌。

（2）巧用洗洁精、醋和小苏打。在擦洗地板的水中加入少量洗洁精、醋或小苏打，不仅能轻松除去地板上的灰尘，还能有效除去地板上的油污。

（3）巧用柠檬汁。柠檬汁中的烟酸和有机酸具有杀菌作用。拖地时，在水里加入少量柠檬汁，不仅能有效杀菌，还能保持空气清新。

（二）门窗除垢

门窗除垢的步骤如下：

（1）清理门窗边框。先用废旧牙刷或专用的小刷子清理门窗缝隙里的灰尘和污渍等，再用湿布擦拭门窗边框。

（2）擦拭玻璃。擦拭玻璃时，第一遍用湿布擦拭，第二遍用干报纸擦拭。用干报纸擦拭不仅能擦干玻璃上的水，还能避免在玻璃上留下痕迹，从而使玻璃更加干净、明亮。

（3）对于有纱窗的窗户，可不定时用水冲洗纱窗或用湿布擦拭纱窗，避免纱窗上堆积灰尘。

拓展阅读

玻璃擦拭技巧

（1）有些玻璃用久了会发黑，对于这种玻璃，可用细布蘸取适量牙膏擦拭。

（2）对于沾染了油漆的玻璃，可用绒布蘸取适量食醋擦拭。

（3）对于玻璃上的顽固污渍，可用湿布蘸取适量白酒擦拭。

（4）对于沾染了石灰水的玻璃，可用湿布蘸取适量的细沙轻轻擦拭。

（5）在洗刷鲜蛋壳时得到的蛋白与水的混合溶液，可有效增加玻璃的光泽。

三、物品井然

为保持生活场所干净、整洁，应合理归置生活场所的物品，使各项物品摆放得井然有序。具体做法如下：

（1）按照使用频率分类收纳物品，即常用的物品放在显眼处，不常用的物品收纳在柜子里。例如，将油、盐、酱、醋等厨房常用物品放置在厨房操作台上，备用油、盐等放置在橱柜中；将每天使用的拖鞋放置在易拿取处，将换季不穿的鞋子放在鞋柜或鞋盒中收纳好；将每天出门时需要穿的衣服、帽子等挂在随手可拿的地方，换季不穿的衣物放在柜子里或收纳箱中。

（2）借助收纳盒收纳。厨房的抽屉内可配置大小合适的盒子，将筷子、勺子等分别置于其中；可借助不同的小盒子划分书桌抽屉的内部空间，使小物品井然有序。

（3）垂直收纳，即利用空着的墙面收纳物品。例如，在书桌上方的墙面上放置两层或者三层置物架，在厨房墙面上悬挂收纳篮，等等。

（4）利用好角落空间。客厅、餐厅、卧室的角落是很好的收纳空间，有效利用这些角落（如放置移动的收纳架），不仅不会使我们的住处显得拥挤，还会营造出一种美感。

图 4-18 和图 4-19 分别为物品摆放井然有序的厨房操作台和书桌桌面。

图 4-18　物品摆放井然有序的厨房操作台

图 4-19　物品摆放井然有序的书桌桌面

第四节　了解器物养护与维修

在日常生活中，如果长期不对家用器物进行养护，不仅影响家用器物的正常使用，而且容易导致家用器物损坏。为了确保家用器物的正常使用和延长家用器物的使用寿命，应采用正确的养护方法定期对家用器物进行养护。

此外，如果家用器物出现故障，不能使用时，可以先寻找出现问题的原因，并对该问题进行初步判断，对于已过保修期但出现小故障的家用器物，大学生可以尝试自己动手修理；如果问题较严重，则要请专业维修人员修理。

一、家用器物养护

家用器物多种多样，不同的家用器物需采用不同的养护方法，以下简要介绍电视、冰箱、洗衣机等的养护方法。

（一）电视养护

（1）不长时间使用电视，以免电视内部的零件因温度过高而损坏。

（2）将电视放置于干燥、通风的地方，避免电视内部零件受潮而影响电视的正常使用。

（3）清理电视屏幕时，应用柔软的布沾少许玻璃清洁剂轻轻擦拭屏幕，避免硬物及尖锐物划坏屏幕表面。

（4）不使用电视时，应将电源断开。

（5）电视出现故障时，应找专业维修人员进行维修。

（二）冰箱养护

（1）使用单独电源线和专用插座，不与多个电器合用同一个插座，以保证用电安全。

（2）正确摆放冰箱。不将冰箱与暖气片等发热的家用器物摆放在一起，不将冰箱摆放在有阳光直射的地方，不将冰箱摆放在不通风和潮湿的地方。

（3）合理摆放冰箱内的食物。放入冰箱的食物应干净，水果、蔬菜等应清洗干净再放入冰箱；避免冰箱内存放的食物过多；温度高的食物不能直接放入冰箱内，应放凉后再放入。

（4）定期清理冰箱内部。在冰箱运行较长时间后，应将冰箱内的食物拿出来，然后对冰箱进行一次“大扫除”，以保持冰箱内部清洁卫生。

（5）长时间不使用冰箱时，应拔下电源插头，将冰箱内部擦拭干净，待冰箱内部完全干燥后，关好冰箱门。

拓展阅读

冰箱清洗

在使用冰箱的过程中，应定期对冰箱进行清洗（每年至少清洗两次）。清洗冰箱时要先切断电源，然后用软布蘸上清水或洗洁精沿着冰箱内壁轻轻擦拭（见图 4-20）。为防止损坏冰箱涂层和内部零件，不使用洗衣粉、去污粉、开水、刷子等清洗冰箱。

图 4-20　轻轻擦拭冰箱内壁

对于冰箱内可拆卸的部件，应将这些部分拆下后用清水或加入洗洁精清洗干净。清洗完冰箱主体和各种部件且冰箱内部彻底晾干后，再关闭冰箱门，插上电源。

（三）洗衣机养护

（1）将洗衣机摆放在合理位置。应将洗衣机摆放在通风处，避免摆放在潮湿的空间内，如浴室。

（2）在将需要清洗的衣物放入洗衣机之前，应先清除衣物内可能携带的硬币、卫生纸等物品。如果衣物上有拉链，应将拉链拉上后再放入洗衣机，以防拉链损坏洗衣机。

（3）不用洗衣服的洗衣机洗鞋子。

（4）每次使用完洗衣机后，应清理洗衣机，保持洗衣机内干燥。

（5）定期清洗洗衣机，清洗时使用专用的清洁剂。

（6）长时间不使用洗衣机时，应拔下电源插头，保持洗衣机内干燥，并将洗衣机摆放在干燥、通风处，注意避免阳光直射。

二、家用器物维修

（一）加湿器不工作

加湿器不工作时，可采取以下措施：

（1）检查水槽是否破裂或水箱盖是否拧紧。

（2）检查水槽里的水是否装得太满以致通风道堵塞。

（3）检查水槽是否被污垢堵塞。如果水槽内的污垢太多，应及时清理。

（4）如果是加湿器内部的线路坏了，应找专业人员维修。

（二）水龙头不出水

如果水龙头不出水，可采取以下措施：

（1）检查水龙头的角阀是否关闭了，如果关闭了，直接打开即可。

（2）查看水龙头的网嘴处是否被异物堵塞，如果被堵塞，可将网嘴拧下来清理干净后安装回去。

（3）检查入户水管总阀，如果水管总阀打开后还是没有水，说明停水了。

（三）实木家具出现裂缝

实木家具如因热胀冷缩出现裂缝，可采取以下措施：

（1）将旧棉布或破麻袋烧成灰，然后与生桐油搅拌成糊状，嵌补到实木家具的裂缝中，阴干即可。

（2）在撕碎的报纸中加明矾和清水煮成糊状，冷却后涂于实木家具的裂缝中即可。

（四）燃气灶打不着火

燃气灶打不着火，很可能是燃气灶电池的电量不足或者火盖、火孔被堵塞造成的。此时，应先换上新电池，然后重新打火。如果换上新电池后仍打不着火，可以用牙签、抹布等清理火盖和火孔。

课堂活动

你还会哪些家用器物维修技能？跟同学们分享一下吧。

躬身践行——“21天，养成好习惯”个人能力培养计划

【劳动任务】

俗话说：“播种一种行为，收获一种习惯；播种一种习惯，收获一种性格；播种一种性格，收获一种命运。”习惯会对人产生很大的影响，一个人要想成功，就要先养成好的习惯。有了好的习惯，才能以更好的精力和状态去面对人生的挑战。

请在寒假或是暑假，开展丰富多彩的劳动实践活动，包括居家整理劳动、家庭餐饮劳动、家庭手工制作劳动、家居环境改造劳动等，并坚持21天，养成勤做家务劳动的良好习惯。以PPT或短视频的形式记录自己养成习惯的过程，总结因为坚持这些习惯所发生的变化。

【劳动准备】

掌握洗衣、熨烫、缝补、收纳、烹饪、维修等家务技巧。

【劳动实施】

将“21天，养成好习惯”个人能力培养计划具体的实施情况记录在表4-3中。

表4-3　21天好习惯养成记录表

<table>
<tr><td colspan="2">执行人：</td><td colspan="2">总目标：</td></tr>
<tr><td colspan="2">监督人：</td><td colspan="2">实施时间：________年____月____日—________年____月____日</td></tr>
<tr><td colspan="2">日期</td><td>具体任务</td><td>完成情况</td></tr>
<tr><td rowspan="7">第一阶段
（1～7天）</td><td></td><td></td><td></td></tr>
<tr><td></td><td></td><td></td></tr>
<tr><td></td><td></td><td></td></tr>
<tr><td></td><td></td><td></td></tr>
<tr><td></td><td></td><td></td></tr>
<tr><td></td><td></td><td></td></tr>
<tr><td></td><td></td><td></td></tr>
<tr><td rowspan="3">第二阶段
（8～13天）</td><td></td><td></td><td></td></tr>
<tr><td></td><td></td><td></td></tr>
<tr><td></td><td></td><td></td></tr>
</table>

（续表）

日期		具体任务	完成情况
第二阶段（8～13 天）			
第三阶段（14～21 天）			

【劳动评价】

经过了 21 天，你的好习惯养成了吗？请对自己的 21 天做一个简单评价。

【劳动总结】

第五章 美丽家园，齐心共育

对大学生来说，校园不仅是知识的殿堂，也是生活的家园，爱护校园环境，共建美好明天，这是每个人义不容辞的责任，所有大学生都必须为此付出劳动。

美化校园的劳动可以树德、增智、强体、育美。在学习文化知识之外，大学生积极参加校园劳动，通过动手实践、出力流汗，可以接受锻炼、磨炼意志，培养良好的劳动品质。

学习目标

知识目标

- ★ 理解“绿水青山就是金山银山”的内涵，掌握绿化环保行动的要点。
- ★ 掌握垃圾分类的标准、原则和投放要点。
- ★ 了解创建文明寝室的目的和文明寝室应满足的条件。
- ★ 熟悉寝室美化原则与创意要点。
- ★ 明白维护校园环境的意义，掌握共建无烟校园和维护校园环境秩序的方法。

素质目标

- ★ 在校园生活中做好绿色环保的践行者、垃圾分类的倡导者、寝室美化的行动者和公共区域环境的维护者。
- ★ 从我做起，从小事做起，养成劳动的习惯。

实践目标

- ★ 掌握植树、清扫等校园劳动技能。
- ★ 自觉维护校园环境，培养对学校的热爱之情。

思想导读

美丽校园，共建共享

为引导学生树立正确的劳动观念、形成良好的劳动习惯，北京某大学开展了以“美丽校园，共建共享”为主题的校园大扫除活动。在学校爱国卫生运动领导小组的统一指挥下，各学院按照划分好的劳动区域，积极组织教职工、学生进行校园大扫除活动。

校园里，随处可见手持劳动工具劳动的教职工和学生。道路两侧的绿化带中，学生拿着扫帚认真清扫落叶。校园广场里，有的学生负责清扫落叶，有的学生负责捧起聚积的落叶，有的学生负责撑开垃圾袋，如图5-1所示。教学楼之间的道路上，工作人员驾驶着垃圾车，运输着一袋袋由学生收集的垃圾和落叶。

图5-1　学生在合作劳动

寒风阵阵袭来，但大家的热情丝毫不减。在教职工和学生的积极参与下，短短几个小时，铺满落叶的校园大道焕然一新，垃圾桶旁掉落的垃圾也不见踪影，校园在阳光的照耀下，显得格外的干净、整洁。

资料来源：对外经济贸易大学新闻网（有改动）

想一想

（1）你参加过校园大扫除活动吗？

（2）你如何看待校园大扫除活动？

第一节　做绿化环保践行者

保护生态环境是功在当代、利在千秋的事业。我们要清醒认识保护生态环境的紧迫性和艰巨性，清醒认识加强生态文明建设的重要性和必要性，做绿化环保的践行者。

一、绿水青山就是金山银山

党的二十大报告指出，“必须牢固树立和践行绿水青山就是金山银山的理念，站在人与自然和谐共生的高度谋划发展”。“绿水青山就是金山银山”理念源自生态文明建设实践，蕴含着绿色生态是最大财富的深刻道理。我们既要绿水青山，也要金山银山。宁要绿水青山，不要金山银山，而且绿水青山就是金山银山。

扫一扫

绿水青山就是金山银山

“既要绿水青山，也要金山银山”强调生态环境保护与经济社会发展相辅相成、不可偏废，要把生态优美和经济增长“双赢”作为科学发展的重要价值标准。在“绿水青山就是金山银山”理念构想的历史图景中，绿水青山与金山银山都是人类社会发展的客观需要，两者不是非此即彼的对立物，而是能够和谐共存、并行不悖的统一体。

“宁要绿水青山，不要金山银山”强调绿水青山是比金山银山更基础、更宝贵的财富，当生态环境保护与经济社会发展发生冲突时，必须把保护生态环境作为优先选择。

“绿水青山就是金山银山”强调优美的生态环境就是生产力和社会财富，凸显了生态环境在经济社会发展中的重要价值。在“绿水青山就是金山银山”这一理念中，自然资源不仅是经济社会发展的物质基础，它本身也是财富，保护、开发和利用好自然资源就是积蓄财富、发展经济。

发达国家的经验证明，当经济社会发展度过粗放发展的起步阶段，步入集约发展的高级阶段之后，生态环境越好，发展机遇越多，发展潜力越大，良好的生态环境对高科技人才的吸引力、对以高新技术为核心的现代产业的支撑能力就越强。好的生态环境本身越来越成为重要的天然资本，绿水青山会源源不断地带来金山银山。

课堂活动

地球是人类唯一的家园。地球上除了人类，还有各种各样人类赖以生存的生命与物质：花草树木、虫鱼鸟兽、空气、水、阳光等。这些生命与物质和人类一起，构成了这个和谐的地球。

地球为所有生命提供了一个适合其生存的系统——空气、水、阳光、各种能源等。如果这个系统遭到破坏，包括人类在内的所有动植物的生存环境就会受到不同程度的影响。因此只有保护环境，保护人类赖以生存的地球，才能保护人类自己，才能让人类的生活环境更舒适，使人类的文明得以延续。

结合上文，谈谈环境保护对于人类的重要性。

二、绿化环保行动

保护环境，人人有责。让中华大地天更蓝、山更绿、水更清、环境更优美，需要动员全社会力量推进生态文明建设，需要我们把保护环境化为自觉行动。

（一）形成绿色价值取向

绿色发展是绿色与发展的有机结合，其目的是满足人民群众对美好生活的追求，其核心是正确处理“绿水青山”与“金山银山”的关系，其要义是人与自然和谐共生。价值取向是主体基于自己的价值观在处理矛盾冲突时所持的基本倾向，包括价值立场、价值态度和价值倾向三方面内容。

其中，绿色发展的价值立场回答了“绿色发展为了谁”的问题，绿色发展既要提供更多优质生态产品以满足人民日益增长的优美生态环境需要，又要依靠人民群众创造优美生态环境，建设美丽中国。

绿色发展的价值态度回答了“怎样处理好金山银山与绿水青山的问题”。从唯物辩证法的观点出发，做出“既要绿水青山，也要金山银山”的价值选择。当经济社会发展与生态环境保护发生冲突时，要把握重点，“宁要绿水青山，不要金山银山”，最终在实践中把握两者的统一，即“绿水青山就是金山银山”。

绿色发展的价值倾向回答了“人与自然处于何种价值关系的问题”。人与自然的关系既不是原始社会中的“主奴”关系，也不是机械社会中的“工具”关系，而是新时代中国特色社会主义中的“和谐共生”的关系。

绿色发展价值取向不仅是一种理念，更是一种实践，其路径是将绿色发展价值取向融入经济、政治、文化、社会建设中，使绿色发展成为满足人民美好生活需要的幸福发展之路。

劳动榜样

补浪河女子民兵治沙连：愿洒浑身千滴汗　誓叫沙漠变绿洲

2020年4月，陕西林业局公布消息，榆林沙化土地治理率已达93.24%。这意味着唐朝时就已存在的中国四大沙地之一——毛乌素沙漠，即将彻底消失，如今的毛乌素沙漠如图5-2所示。

图5-2　如今的毛乌素沙漠

陕西省榆林市地处毛乌素沙漠和黄土高原过渡地带，中华人民共和国成立前，榆林的环境是“一年一场风，从春刮到冬”。而“吃糠菜，住柳庵，一件皮袄四季穿”，则是当地人民困苦生活的真实写照。

绿色，是榆林人千年的梦想。播种绿色，是陕西人几十年的坚守。其中，由54名年仅18岁的姑娘们组建的“补浪河女子民兵治沙连”被百姓们称为“巾帼传奇”。她们听从党的召唤，响应群众期盼，离开亲人，投身沙海，甘当治沙先锋。

初 心

1974年，补浪河公社党委响应党的号召，决定成立一支女子治沙突击队。童军、王莲芳、席永翠、杨秀珍……54名平均年龄18岁的姑娘们踊跃请战，背起背包，扛着红旗，义无反顾地向着风沙肆虐的大水湾挺进。

大水湾条件艰苦，只有农户遗留下的几间柳芭庵子——那是用柳条和泥巴匆匆盖起的草房。尽管困难重重，但只要每天一早军号吹响，她们便齐刷刷地扛起铁锹，出工劳动。当时没有树苗，她们就去10千米外的王家峁背树苗，翻沙越丘。盛夏，沙窝里气温可高达40多摄氏度，姑娘们踩着滚烫的沙子担水，为新栽的树苗浇水，不少姐妹被晒脱了皮；寒冬，姑娘们顶着刺骨寒风，为树苗搭设障蔽，手脚被冻开一道道口子。

光背苗不是办法，还要育苗。她们推着木轱辘小车，连续60天从10千米外挖来了5 000立方米黑土，垫出80亩育苗地。到初夏，幼苗已有寸余高。望着在沙漠里千辛万苦“养”出的一点点新绿，姑娘们开怀地笑了。

正如她们初来时的誓言，大漠开始逐渐变绿。到 1976 年年底，治沙连共推平大小沙丘 10 多座，新修水地 200 多亩，挖马槽井 6 个，营造沙柳、环滩林 1 000 多亩，种树 10 多万株，还喂了 30 多头猪，养了 150 多只羊。

传 承

治沙姑娘一代接着一代，“什么苦都能吃、什么累都能受”的劲头也一直在传承。1979 年，接力棒传到潘生清这一代热血女青年手中，她们加快了步伐。

在治沙造林的同时，治沙连还注重畜牧业、养殖业及经济林的发展，建起了米面加工、酿酒等企业作坊，她们种桑养蚕、栽植葡萄，从各方面增加连队的经济收入，走出了一条治沙新路子。

使 命

“虽然现在我们不用再吃老一辈的苦，但无形的压力时刻都有，这毕竟是前辈们用血汗为我们打下的‘绿色家园’。”治沙连现任连长席彩娥说，“传承治沙连精神，在自己岗位上尽职尽责、拼搏奋斗，应是我们的使命。”

大漠驼迹绝，塞上柳色新。70 年来，榆林以年 1.62%的荒漠化逆转速率，不断缩小毛乌素沙漠的面积；栽种的树木按 1 米株距排开，可绕地球赤道 54 圈；林木覆盖率由 0.9%提高到 34.8%，陕西绿色版图向北推进了 400 多千米。

“绿水青山”来了，“金山银山”也跟着来了。这些年，榆林风沙区大棚种植、育苗、沙漠旅游等蓬勃兴起，全市从事相关产业的企事业单位 150 多家，年产值 4.8 亿元，从业人员 10 万余人。

资料来源：中国妇女报（有改动）

（二）形成绿色生活方式

绿色生活方式是指通过重塑主体生产活动以外的最基本的社会行为和社会价值观，形成一种崭新的生活方式，这种生活方式在不影响甚至提升主体生存质量的同时，给环境带来的负担最小，并以此为契机实现人类社会与自然的和谐发展。

这一定义包括四层含义：① 绿色生活方式的主体包括个体和群体；② 绿色生活方式的客体包括社会环境和自然环境；③ 构建绿色生活方式的基本思路是通过生活方式的二重性重塑社会结构；④ 绿色生活方式的目标包括提升主体生存质量、不增加客体的负担、最终实现人类社会与自然环境的和谐发展。

绿色生活方式是一种注重环保的、健康的、高质量的生活方式。形成绿色生活方式，需要坚持节约优先，在衣、食、住、行等方面形成节约的行动自觉；需要倡导绿色消费，推广绿色服务，提倡绿色食品，鼓励绿色居住，普及绿色出行，发展绿色旅游，反对奢侈浪费和不合理消费。

实现生活方式绿色化，时时可做，处处可为。大到购买节能与新能源汽车、高能效家电、节水型器具等节能环保产品，小到减少使用塑料购物袋、塑料餐盒等一次性用品，乃至随手关灯、拧紧水龙头，都是在践行绿色生活方式，都是在为绿色发展做贡献。

（三）践行绿色环保行动

绿色发展是理念，更是实践，需要坐而谋，更需起而行。只要坚持知行合一、从我做起，坚持步步为营、久久为功，就一定能换来蓝天常在、青山常在、绿水常在，就一定能开创社会主义生态文明新时代，赢得中华民族永续发展的美好未来。

扫一扫

从小事做起，
做绿化环保践行者

践行绿色环保理念，具体可从以下几个方面做起。

1. 低碳办公

（1）使用自然光。在自然光线充足的地方办公时，可以通过调节灯泡亮度或者少开灯甚至不开灯来减少照明用电。

（2）科学用电脑。将电脑屏幕的亮度调至适中，既能保护眼睛又能省电；将电脑的电源模式设为节能模式，用待机模式替代屏幕保护模式；下班后随手拔掉电脑插头，以节约用电。当然，在配置电脑时，可以优先选择低功耗的电脑，避免配置过高导致能耗增加。

（3）无纸化办公。尽量通过办公自动化系统、电子邮件、QQ、微信、钉钉等多种网络通信工具传递办公信息，以减少打印机墨粉和纸张的消耗。必须打印、复印时，可选用双面打印、复印模式，实现节能减排。

2. 低碳出行

（1）增加公共交通使用频次。近距离出行时，最好选择步行或者骑自行车；远距离出行时，尽可能选择乘坐公交车或地铁等公共交通工具。

（2）减少航空飞机的乘坐频次。如非必要，出门远行时，优先选用污染较小的火车、汽车、轮船等交通工具，减少飞机的乘坐频次。若必须乘坐飞机，也应尽量选择直飞航班，以减少航程。

（3）科学配置私家车。在购买私家车时，可优先考虑新能源汽车或低排量汽车。驾驶汽车时，应保证车况良好，车况不良不仅会造成交通出行安全隐患，还会导致能耗增加。

3. 低碳饮食

（1）减少食物浪费。积极践行“光盘行动”，倡导“按需取餐”，不超量点餐，自助餐取用不过量，厨房不多做，从源头上减少不必要的浪费。

（2）合理搭配膳食。食用同等重量的肉类比蔬菜排放的温室气体更多。荤素搭配，合理饮食，不暴饮暴食，不过度吃肉，在保证营养的情况下每周少吃一顿肉，有助于减少二氧化碳排放。

（3）少用一次性餐具。提倡自带餐具或使用可循环使用的餐具，减少一次性餐具的使用。

（4）选择本地和周边地区的农副产品。优先选择本地和周边地区的农副产品，这样既能保证食品新鲜健康，又能间接减少因运输和加工排放的温室气体。

4. 低碳穿着

（1）减少对服饰的过度消费。提倡按需购买服饰，避免盲目消费。据统计，每人每年少买一件不必要的衣服，可减排 6.4 千克的二氧化碳。

（2）提倡衣物回收利用。可以利用衣物回收箱或者通过社会组织等途径，将闲置衣物捐献给有需要的人，实现衣物的再利用。

（3）集中洗涤衣物，少量小件衣物可手洗。洗衣时，尽量使用无磷低泡洗衣粉，以减少漂洗次数和对水体的污染。

（4）合理使用烘干设备。天气晴朗时，可选择自然晾干方式，以减少烘干设备的使用。

5. 低碳居住

（1）减少电梯的使用。楼层较低的住户，可选择走楼梯上下楼，以减少电梯的使用，降低电耗及碳排放。

（2）合理设置空调温度。使用空调时，夏季温度应设定在 26℃，冬季温度应设置在 20℃。这样既能保证温度适宜，又能有效降低家电的碳排放。

（3）养成节约用水的生活习惯。具体应做到：① 用盆接水来洗东西比直接冲洗更省水；② 淘米水可用来洗菜或洗碗，洗完菜的淘米水可用来浇花，残余茶水可用来擦家具；③ 菜先择后洗，能够避免浪费水；④ 用洗洁精洗瓜果蔬菜改为用盐水浸泡冲洗；⑤ 将旋转式水龙头换成节水龙头，如图 5-3 所示。

图 5-3 节水龙头

（4）养成节约用电的生活习惯。具体应做到随手关灯，电灯、电器不用时应及时关闭并断电。

课堂活动

日常生活中，还有哪些好的习惯能帮助我们节能减排？

第二节 做垃圾分类倡导者

“垃圾围城”已经成为困扰全球各大城市的难题，具体包括填埋场占用耕地、垃圾造成长期污染、垃圾焚烧厂影响周边居民的生活等。解决“垃圾围城”问题，离不开垃圾分类。

一、垃圾分类新时尚

垃圾是放错地方的资源。垃圾分类就是将垃圾分门别类地投放，并通过分类清运和回收，使之重新变成资源。垃圾分类的意义如下。

（一）减少环境污染

我国现有的垃圾处理方式主要包括填埋和焚烧。即使是在远离生活场所的区域对垃圾进行填埋并使用相应的隔离技术，也难以杜绝有害物质向地底渗透。这些有害物质会逐渐进入整个生态圈，污染水源和土地，进而影响人们的身体健康。另外，焚烧垃圾也会产生大量危害人体健康的有毒物质。

其实，很大一部分垃圾是不需要填埋和焚烧的。如果我们能够做好垃圾分类，就能减少填埋和焚烧的垃圾，从而减少环境污染。

（二）节省土地资源

采用填埋方式会占用土地资源，且垃圾填埋场属于不可重复使用场所，即不能将垃圾填埋场重新作为生活小区使用。但是对垃圾进行分类，可以使人均生活垃圾产生量减少 2/3，从而节省大量的土地资源。

（三）促进资源的循环利用

垃圾的产生源于人们没有利用好资源，将自己不用的资源当成垃圾丢弃，这种行为对整个生态系统造成的破坏是不可估量的。通过垃圾分类回收可利用的垃圾，就可以将垃圾变废为宝，促进资源的循环利用，从而保护生态环境。

此外，垃圾分类后，对不同的垃圾采用不同的处理方式，还可以降低垃圾的处理成本，提高垃圾的处理效率。例如，进行垃圾分类后再进行分类焚烧，能够起到减量（减少垃圾处理量）、减排（减少污染排放量）、提质（改善燃烧工况）、提效（提高发电效率）的作用。

（四）提高民众的环保意识

垃圾分类是处理垃圾公害的最佳方法。施行垃圾分类，能够提高民众的环保意识，使其学会节约资源、合理利用资源，养成良好的生活习惯。一个具有良好的垃圾分类习惯的人，一定会关心环境保护问题，珍惜资源，节约资源。

二、垃圾分类标准

《生活垃圾分类标志》（GB/T 19095—2019）将生活垃圾分为可回收物、有害垃圾、厨余垃圾和其他垃圾四大类，其对应标志如图 5-4 所示。

图 5-4　四大类生活垃圾标志

生活垃圾分类标志由 4 个大类标志和 11 个小类标志组成，类别构成如表 5-1 所示。其中，厨余垃圾和其他垃圾又可分别称为湿垃圾和干垃圾。

表 5-1　标志的类别构成

序号	大类	小类	说　明
1	可回收物	纸类	表示适宜回收利用的各类废书籍、报纸、纸板箱、纸塑铝复合包装等纸制品
2		塑料	表示适宜回收利用的各类废塑料瓶、塑料桶、塑料餐盒等塑料制品
3		金属	表示适宜回收利用的各类废金属易拉罐、金属瓶、金属工具等金属制品
4		玻璃	表示适宜回收利用的各类废玻璃杯、玻璃瓶、镜子等玻璃制品
5		织物	表示适宜回收利用的各类废旧衣物、穿戴用品、床上用品、布艺用品等纺织物
6	有害垃圾	灯管	表示居民日常生活中产生的废荧光灯管、废温度计、废血压计、电子类危险废物等
7		家用化学品	表示居民日常生活中产生的废药品及其包装物、废杀虫剂和消毒剂及其包装物、废油漆和溶剂及其包装物、废矿物油及其包装物、废胶片及废相纸等
8		电池	表示居民日常生活中产生的废镍镉电池和氧化汞电池等

（续表）

序号	大类	小类	说　明
9	厨余垃圾（湿垃圾）	家庭厨余垃圾	表示居民家庭日常生活过程中产生的菜帮、菜叶、瓜果皮壳、剩菜剩饭、废弃食物等易腐性垃圾
10		餐厨垃圾	表示相关企业和公共机构在食品加工、饮食服务、单位供餐等活动中产生的食物残渣、食品加工废料和废弃食用油脂等
11		其他厨余垃圾	表示农贸市场、农产品批发市场产生的蔬菜瓜果垃圾、腐肉、肉碎骨、水产品、畜禽内脏等
12	其他垃圾（干垃圾）	—	表示砖瓦陶瓷、灰土、卫生间废纸等

注：除上述四大类外，家具、家用电器等大件垃圾和装修垃圾应单独分类。

课堂活动

有人说，垃圾分类有什么难的，不就是由一个桶分成了四个桶。你认同这种观点吗？请结合你的体会谈谈垃圾分类的重要性和分类时需要注意的事项。

三、垃圾分类操作

（一）分类原则

根据物品的材质和性质，分析其属于哪类垃圾。具体来说，应根据物品的材质，判断其是否属于纸类、塑料、金属、玻璃或织物，从而确定其是否属于可回收物；根据物品对人体和自然环境是否有害，判断其是否属于有害垃圾；厨余垃圾具有容易腐烂、破碎等特点；其余的物品都属于其他垃圾。对于不能准确判断类别的垃圾，也可把它归为其他垃圾。

课堂活动

与同学讨论：香水瓶、牙刷、牙膏皮分别属于什么垃圾？应该如何投放？没喝完的珍珠奶茶呢？

（二）投放要求

1. 可回收物

可回收物是指适宜回收利用的生活垃圾，包括玻璃瓶、旧金属餐具、塑料瓶、旧玩具、旧报纸、旧纸板、旧衣服等。

可回收物的投放要求如下：

（1）应尽量保持垃圾清洁、干燥，避免污染。

（2）对于立体包装物，应清空内容物，压扁后投放。

（3）对于易破损或有尖锐边角的物品，应包裹后投放。

2. 有害垃圾

有害垃圾是指生活垃圾中对人体健康或自然环境造成直接或潜在危害的物品，包括旧电池、旧灯管（见图 5-5）、家用药品、油漆及其容器。必须对有害垃圾进行单独收集和运输，并由环保部门认可的专业机构进行特殊处理。

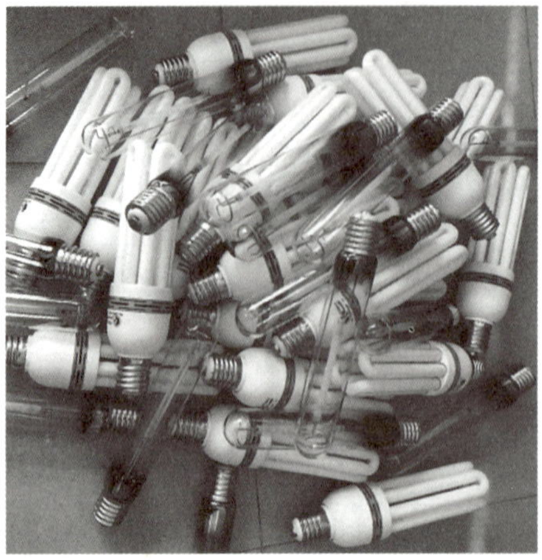

图 5-5　旧灯管

有害垃圾的投放要求如下：

（1）投放时应注意轻放。

（2）对于药品，应连带包装投放或包裹后投放。

（3）对于罐装容器，应排空容器内的东西后投放。

另外，在公共场所产生有害垃圾且未发现对应收集容器时，应将其携带至有害垃圾投放点妥善投放。

3．厨余垃圾

厨余垃圾是指食材废料、剩菜剩饭、过期食品、瓜皮果核、花卉绿植、中药药渣等易腐烂的、含有机质的生活废弃物。

应在厨余垃圾产生时就将其与其他类型的垃圾分开收集。投放厨余垃圾前，应尽量沥干水分；对于有外包装的，应去除外包装后投放。

另外，在公共场所产生厨余垃圾且未发现对应的收集容器时，应将其携带至厨余垃圾投放点妥善投放。

扫一扫

厨余垃圾的类别、投放与处理

4．其他垃圾

其他垃圾是指除可回收物、有害垃圾、厨余垃圾外的生活垃圾，包括烟蒂、橡皮泥、灰土、瓷器碎片（见图 5-6）等。应将其他垃圾投放至其他垃圾收集容器中，并保持容器周边环境整洁。

图 5-6　瓷器碎片

5．大件垃圾

对于大件垃圾，如旧沙发、旧床垫、旧床、旧桌子等，可以联系可回收物回收经营者或者大件垃圾收集运输单位上门回收，或者将其投放至相关管理责任人（如物业工作人员）指定的场所。

大型家用电器，如空调、冰箱、洗衣机、电视机等也属于大件垃圾。处理此类垃圾时，可联系正规的电子废弃物回收企业回收，或按大件垃圾管理要求投放。

需要注意的是，对于小型家用电器如笔记本电脑、手机、电饭煲等，可按照可回收物的投放要求进行投放。

6．装修垃圾

装修垃圾（见图 5-7）包括碎石块、碎砖块、废砂浆及弃料等。应分别收集装修垃圾和生活垃圾，并将装修垃圾装袋后投放到指定的场所。

图 5-7　装修垃圾

第三节　做寝室美化行动者

一、创建文明寝室的目的

创建文明寝室主要有以下目的：

（1）做好寝室卫生，确保大学生拥有干净、整洁的居住环境。

（2）帮助大学生养成良好的生活习惯，培养团结协作精神。

（3）进一步增强大学生“自我教育、自我管理、自我服务”的能力，营造良好的寝室文化氛围，塑造积极向上的寝室文化。

二、文明寝室应满足的条件

扫一扫

文明寝室养成记

（一）日常管理规范

（1）有明确的寝室值日制度，寝室成员轮流担任值日员，值日员全面负责寝室内务。

（2）及时处理寝室垃圾，尤其应扔掉当天用过的一次性饭盒，确保室内无蚊蝇、无蟑螂，空气清新无异味。

（3）节约用水、用电，不私接电线，不使用电热器具、酒精炉等违规物品。

（4）寝室成员行为举止文明，不从窗口向外抛物，不影响其他寝室的成员。

（5）领导、教师巡视寝室时，寝室成员应当主动问好。

（6）寝室成员应严格遵守作息时间规定，在熄灯前完成洗漱，在熄灯后进入就寝状态，进入就寝状态后寝室成员应保持安静。

（7）晚休时间内，禁止进出寝室，不能在寝室内赌博或开展其他不健康的活动，不能影响他人休息。

（8）晚休时间内，不能两人或两人以上挤在一张床上休息，禁止私自调换床位或寝室。

（二）内务整理

（1）门、门框、灯具、电风扇、空调、墙壁、窗台干净，玻璃明亮。

（2）床面平整，被子叠放整齐，枕头整齐叠放在被子上。

（3）地面干净，无果皮纸屑，无污渍。

（4）桌面干净、整洁，物品摆放整齐，无杂物。

（5）衣物晾晒在指定地点。

（6）卫生间墙面干净，地面无积水，水池内外无污物，便池干净、无异味。

图 5-8 是文明寝室范例。

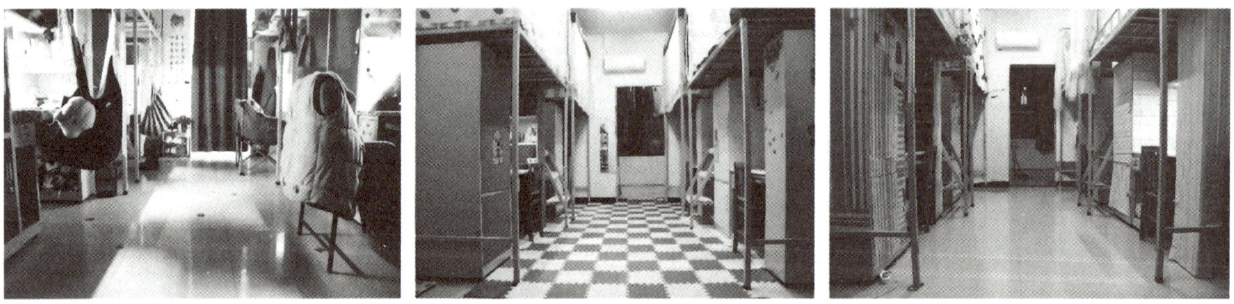

图 5-8　文明寝室范例

课堂活动

你对创建文明寝室有哪些好的建议？

三、寝室美化原则与创意要点

（一）美化原则

（1）简单大方原则。寝室面积通常不大，没有必要摆放过多的装饰物品，以免显得杂乱。

（2）温馨舒适原则。寝室是放松、休憩的地方，大学生在美化寝室时可以考虑营造一种温馨、舒适的氛围，让寝室充满家的温暖气息。

（3）营造学习氛围原则。寝室也是学习的场所，大学生在美化寝室时，要尽量避免放置容易转移注意力的装饰物品。

拓展阅读

寝室美化小窍门

1．衣柜整理

寝室里的衣柜大多是直筒式的，隔断比较少，在放置衣物时比较浪费空间。使用衣柜隔板在衣柜中划分出合适的区域，能够充分利用空间。此外，还可以在衣柜中放一些多层收纳筐，这样既能充分利用空间，又能将贴身衣物、帽子、包等分类收纳。如果衣柜里没有挂衣杆，可以用伸缩杆代替。

2．桌面美化

使用网格板和桌下挂篮，可以让桌子拥有更多收纳空间。

（1）网格板。网格板是一种轻便又实用的收纳工具，而且价格便宜。将网格板放置在桌面旁边的墙上，不仅能够收纳桌面上的小东西，还能够很好地装饰空间。

（2）桌下挂篮。桌下挂篮能创造隐形的收纳空间，用于放置各种小物件。

3．床边装饰

床边挂篮和床边挂袋是寝室非常实用的收纳和装饰工具，能够放水杯、纸巾、书籍等，不仅可以避免经常爬上爬下拿东西，还可以保证床铺整洁。

（二）创意要点

（1）彰显寝室文化。每个寝室都有属于自己的文化，大学生在美化寝室时要充分考虑自己寝室的文化，共同营造良好的寝室文化氛围。

（2）用材节约，变废为宝。低碳、绿色不仅是当下流行的概念，更是我们应践行的生活理念。大学生在美化寝室时，可以充分利用易拉罐、塑料瓶、雪糕棍、牛奶盒、废纸箱等生活垃圾和废旧物品制作各种实用的生活用品（见图 5-9）。这种方式不仅创意十足，还能向周围的人传递一种绿色环保的生活理念。

图 5-9　变废为宝

（3）彰显个性（见图 5-10）。寝室由多个小空间组成，每个小空间都是使用者的“家”。在美化自己的小空间时，大学生可以在兼顾寝室整体风格的基础上，充分考虑自己的使用需求和审美偏好，打造

“专属空间”，彰显个性。

图 5-10　彰显个性

扫一扫

寝室改造攻略

劳动百态

大学生用 7 天时间将寝室打造成“咖啡音乐厅”

在某大学举办的寝室装饰大赛中，同寝室的几名同学合力将寝室美化成了“咖啡音乐厅”，引得众人惊叹。在暖色灯光下，整个寝室的文艺复古气息扑面而来。

将寝室打造成咖啡音乐厅的想法，源于寝室 5 个人的共同爱好——音乐、咖啡、书籍。寝室成员小赖说：“当音乐、咖啡、书籍这几个元素组合在一起时，我们首先就想到了咖啡音乐厅。大家集思广益，各抒己见，一步一步将寝室装饰成现在这样。”

5 个人在装饰寝室时，充分发挥专业优势，为达到色彩和风格的协调，他们从网上选购了许多装饰物品。在装饰过程中，他们遇到了不少困难。例如，撕掉之前贴的墙纸后，墙面变得很不平整，为了让墙纸贴得更牢固，他们在网上购买了补墙膏。“先将补墙膏涂在墙上抹平，等干了之后再用砂纸打磨。如果墙纸没贴好，就要撕下重贴。天花板的墙纸最难贴，需要借助挂衣杆才能将这块区域的墙纸贴好。”小潘说。

该学院党委副书记表示，学院支持大学生装饰寝室的初衷是要大学生发挥专业特长，用创新思维改变寝室环境，构筑人文雅舍，将寝室打造成大学生涵养美德、陶冶情操、交流思想的场所，大学生从“扫一屋”开始，一步步走向社会这个更广阔的舞台。

资料来源：中国青年网（有改动）

第四节　做公共区域环境维护者

一、呵护我们的“家”

校园环境包括校园物质环境和校园精神环境。校园物质环境（见图 5-11）主要包括校容校貌、自然物和各种设施；校园精神环境是校园的灵魂，是学校师生的价值观和个性的反映，具体体现在师生的精神面貌、校风、学风、校园精神、学校形象等方面。

图 5-11　校园物质环境

大学生参与维护校园物质环境，有助于养成良好的卫生习惯，形成热爱集体、热爱自然、尊重他人的正确价值观；大学生参与维护校园精神环境，有助于陶冶情操、完善人格、提高精神境界，促进校园形成积极向上的文化氛围。

二、共建无烟校园

科学研究表明，吸烟对人体健康的危害十分严重。多种疾病与吸烟有关，如呼吸系统疾病（如呼吸系统感染、肺结核等）、恶性肿瘤、心脑血管疾病、糖尿病等。《中国吸烟危害健康报告 2020》显示，我国每年有 100 多万人因烟草失去生命。

扫一扫

共建无烟校园　维护校园秩序

那么，应该如何预防香烟的危害，共建无烟校园呢？

（1）增强自我控制能力，自觉抵制诱惑，不吸烟、不敬烟。

（2）不在教室、图书馆、寝室等场所吸烟。

（3）在校园内发现正在吸烟的人，及时对其进行劝阻。

（4）积极参与控烟宣传活动，增强控烟意识。

三、维护校园环境秩序

维护校园环境，大学生应遵守以下校园文明行为规范。

（一）讲究卫生

（1）自觉打扫教室的卫生，班级包干区的卫生。

（2）不随地吐痰，不乱扔废弃物，不乱倒污水，不在教学区进食。

（3）适时理发、经常梳洗、勤剪指甲、勤换衣物，注意个人卫生。

（二）语言文明

（1）讲普通话，不说脏话、粗话，不辱骂他人。

（2）在和教师、同学交流时，使用文明用语，如再见、对不起、没关系、不客气、谢谢、不用谢、请问等。

（3）不给教师和同学起绰号。

（4）说话时态度谦和。

（三）仪表端庄

服饰整洁，衣着得体，不穿背心、短裤、拖鞋进入教学楼、图书馆、食堂等公共场所。

（四）举止得体

（1）与同学交往时，应注意行为举止，不做不文明的行为。

（2）在公共场合，注意走姿、站姿、坐姿，保持良好的个人形象。

（3）遇到教师或领导时，应主动点头问候。

（五）爱护公物

（1）不破坏路灯、垃圾桶、灭火器等公物，爱护花草，如不攀折花木、不践踏草坪等。

（2）不在护栏、桌椅、墙壁上乱写、乱画、乱刻。

（3）借用公物后，按时归还。

（六）勤俭节约

（1）生活节俭，有计划地使用自己的生活费，不在饮食、衣着等方面与他人攀比。

（2）爱惜粮食，不乱倒饭菜，不剩饭剩菜。

（3）养成随手关灯、关水龙头的习惯。

（七）诚实守信

（1）不说谎，不散布、传播虚假信息。

（2）不轻易承诺，但承诺过他人的事情一定要做到。

（八）遵规守纪

（1）遵守校园规章制度，不在教学楼、图书馆、食堂等公共场所打闹、喧哗，不影响他人学习和休息。

（2）就餐时遵守秩序，排队购买饭菜，尊重食堂工作人员。

（3）参与集体活动时排队进场，离场时要服从指挥。

（4）文明上网，不沉迷于网络游戏。

（5）培养高尚的情操，不观看、不传播涉及反动、淫秽内容的书刊和音像制品。

躬身践行——“校园是我家，美化靠大家”校园美化活动

【劳动任务】

校园是我们学习和生活的地方，美丽整洁的校园环境会让我们不自觉地拥有一份好心情。作为学校的一分子，我们理应为创造更加整洁、优美、温馨的学习与生活环境出一份力。

请以小组为单位，组织一次“校园是我家，美化靠大家”的校园美化活动，既可以是植树活动，也可以是清洁卫生活动，还可以是绿化环保活动……

【劳动分组】

全班学生以 3～5 人为一组进行分组，各组选出组长并进行任务分工，将小组成员及分工情况填入表 5-2 中。

表 5-2　小组成员及分工情况

班级		组号		指导教师	
小组成员	姓名	学号	任务分工		
组长					
组员					

【劳动准备】

（1）根据各小组选择的活动内容分别掌握植树、清洁卫生、绿化维护等技能。

（2）准备校园美化活动的工具，并学会安全使用各种工具。

【劳动计划】

小组商议，制订出具体的工作计划，填入表 5-3 中。

表 5-3　工作计划

步骤	工作内容	时间安排	负责人
1			
2			
3			
4			
5			

【劳动实施】

按照工作计划，开展“校园是我家，美化靠大家”校园美化活动。将具体的实施情况记录在表 5-4 中。

表 5-4　实施情况

<table>
<tr><th>时间安排</th><th>实施步骤</th></tr>
<tr><td></td><td>1．小组讨论确定要开展的具体劳动（注意与其他组区分）：</td></tr>
<tr><td></td><td>2．与学校相关部门联系，确定本班本次活动的劳动范围：</td></tr>
<tr><td></td><td>3．列出劳动过程中所需的物品
<table>
<tr><td>（1）</td><td></td><td>（7）</td><td></td></tr>
<tr><td>（2）</td><td></td><td>（8）</td><td></td></tr>
<tr><td>（3）</td><td></td><td>（9）</td><td></td></tr>
<tr><td>（4）</td><td></td><td>（10）</td><td></td></tr>
<tr><td>（5）</td><td></td><td>（11）</td><td></td></tr>
<tr><td>（6）</td><td></td><td>（12）</td><td></td></tr>
</table></td></tr>
<tr><td></td><td>4．组长按清单去学校后勤部门领取所需劳动物品，并进行分发</td></tr>
<tr><td></td><td>5．根据分工进行劳动</td></tr>
<tr><td></td><td>6．各组将劳动工具清理干净后集中归还给学校后勤部门</td></tr>
<tr><td></td><td>7．各小组根据劳动内容，结合日常生活中见到的校园不文明现象撰写一篇以“建设美丽校园”为主题的倡议书</td></tr>
</table>

【劳动评价】

教师可参考表 5-5 对各小组“校园是我家，美化靠大家”校园美化活动进行评价。

表 5-5 活动评价表

项目名称	评价内容		分值	评价分数		
				自评	互评	师评
素养评价30%	小组分工合理，团结协作		10 分			
	根据自己所在小组负责的具体任务了解相关劳动知识		10 分			
	不怕苦、不怕累、不怕脏		10 分			
技能评价40%	高效率地完成组长所分配的各项任务		20 分			
	劳动技能娴熟		10 分			
	为小组劳动提出合理化的建议		10 分			
成果评价30%	倡议书观点明确，语言生动，有感染力		10 分			
	倡议内容具体、合理，有可行性		10 分			
	层次清晰，逻辑性强，文字优美		10 分			
合计			100 分			
总评	自评（20%）+互评（20%）+师评（60%）=	综合等级：	教师（签名）：			

【劳动总结】

第六章 善待生活，幸福可期

今天，我们生活在一个五彩缤纷的时代，越来越多的暖心故事出现在我们身边。生活中的凡人善举、友善温情，让人们更紧密地联结在一起，使社会主义核心价值观在身边小事中体现与发扬。

大学生作为即将走向社会的“准劳动者”，也同样应该用充满善意的心对待社会，不仅应懂劳动之义、明劳动之理，继承和发扬中华民族艰苦奋斗、热爱劳动的传统美德，而且要培养和发挥自身的劳动技能优势，为家庭、为社区做贡献，将温暖传递给更多人。

学习目标

知识目标

★ 了解养老护理、心理护理和急救的相关知识。

★ 了解社区居民服务需求及策划社区服务活动的相关知识。

★ 掌握养护室内绿植的方法。

★ 熟悉制作短视频的流程。

素质目标

★ 关心家人的健康状况，多与家人交流沟通，营造良好的家庭氛围。

★ 热爱自然、热爱生活，在绿植养护中感受自然之美、生活之美。

实践目标

★ 积极参与社区服务活动，在活动中培育奉献精神。

★ 学会拍摄与剪辑短视频。

★ 能够立足自己所学专业，发挥专业优势，为社区居民提供暖心服务。

思想导读

建设康养中心，用心服务老人

“奶奶，上次做完热敏灸，小腿酸痛症状有所缓解吗？”近日，在萍乡卫生职业学院乡村振兴项目点——江西省萍乡市芦溪县紫溪村康养中心（以下简称“康养中心”）内，师生们正在热情接待前来接受康养服务的村民王奶奶。在康养中心内，像王奶奶这样的老人有很多，这儿已经成了村里的热门“打卡地”。

走进康养中心，映入眼帘的是被改造为足疗室、中医康养室和热敏灸治疗室的房间，每间房内都有身穿白大褂的学生志愿者在为村民提供康养服务。康养中心的日常管理运行模式是“两名指导老师+多名学生志愿者”，志愿者都是从自愿报名的大学生中选拔出来的。学生们想成为康养中心志愿者的热情都非常高，紫溪村第一次公开选拔志愿者时，就有400多名学生报名参加。

资料来源：大江网萍乡频道（有改动）

想一想

（1）康养中心的志愿者体现了当代大学生身上的哪些优秀品质？

（2）你最想拥有的劳动技能是什么？为什么？

第一节　用护理守护家人

家是我们最温暖的港湾，家人永远是我们坚实的后盾。对于护理专业的学生来说，护理是他们成就梦想的看家技能；对于我们大多数人来说，学习一些护理常识，掌握一些急救技能，能让我们更好地守护家人的健康。

一、养老护理

家有一老，如有一宝。家中的老人不仅是我们情感的寄托，也是我们精神的依靠。但是随着年龄的增长，老人的身体机能逐渐衰退，反应能力逐渐变弱，疾病逐渐增多。我们该如何守护家中的老人呢？

（一）多与老人沟通

1．选择老人感兴趣的话题

在与老人沟通时，可选择老人感兴趣的话题，如老人年轻时的往事、戏剧、电视节目等，也可以跟他聊聊你最近发生的事。需要注意的是，要避免谈论让老人情绪波动较大的话题。

2．不要嫌老人唠叨

老人一般都比较唠叨。对此，很多人极易失去耐心，表现得很不耐烦。其实，唠叨是一种心理宣泄方式。我们应学会倾听，让老人的心理得到慰藉。在倾听时，可以对老人唠叨的话题进行适当引导，也可以适当发表自己的意见，让老人感觉到你很在意他。

实际上，能倾听老人的唠叨未尝不是一种幸福，因为在很多情况下，老人唠叨是出于对我们的关心和牵挂。老人喜欢唠叨，充分说明他们心理健康、大脑灵活。老人如果不爱唠叨，甚至沉默寡言，总把不顺心的事情放在心里，日积月累，很容易导致疾病乘虚而入。面对不顺心的事情，老人如果能以唠叨的方式宣泄出来，就能使不良情绪得到释放，身心也会更健康。但是对于一些特殊情况，如老人突然间喜欢自言自语，或者出现胡言乱语、说过就忘、答非所问、反应迟钝等情况，则要警惕，这很可能是认知障碍的先兆，需要及时就医。

3．多聊老人觉得自豪的事情

在和老人沟通的过程中，可以多与老人聊一聊他觉得自豪的事情，那些事情对于老人来说往往非常重要，也是他们的美好回忆。

4．真诚地赞美老人

每个人都渴望被肯定，老人也一样，他们也喜欢被表扬、被夸奖的感觉。我们在与老人沟通的过程中，要经常真诚地赞美他们。

课堂活动

你平时与家中老人沟通的时间多吗？你有没有教过他们使用数字化产品？想想自己哪里做得好，哪里做得不好。

（二）多陪伴老人

扫一扫

关爱空巢老人

我们在闲暇时间应多陪伴家中的老人，让其感受到温暖。例如，可以陪老人逛逛商场、买买菜，或在公园里散散步；如果老人行动不便，则我们可以用轮椅推老人出去，边晒太阳边聊天，让老人在轻松的环境下享受美好时光。

劳动百态

养老院里的“95 后”：他们教老人使用微信、抖音

近年来，一批“95 后”养老服务管理专业毕业生陆续走出校门，就职于各养老服务机构。这是一群比“爷爷奶奶”的孙辈还年轻的看护者。微信、抖音等现代社交工具，成为他们和老人结缘的纽带。

近年来，不少地方不断推广居家和社区养老服务模式。很多社区就近建起了养老驿站和照料中心，向周边老人提供上门助医、助浴、助洁、助餐等服务，提供日间托管照料，组织各类活动等。

小娜就是一名进入养老驿站工作的养老服务管理专业毕业生。她进入驿站后，开始组织社区老人参加各种课程和活动，还组织成立了社区模特队。

有老人是幼儿园退休园长，小娜就鼓励老人备课教剪纸。“越是年纪大，越需要他们找到自己的价值所在。”有老人在驿站学会了“手艺”，回家教给孙子孙女，这些“手艺”成为两代人的沟通工具。小娜还教过老人樱花折纸的方法，有的老人回家教给孙女后，在母亲节就收到了孙女的折纸花束。

最受老人们欢迎的，是小娜和同事开设的“手机课”。

常有老人询问微信的一些功能。小娜和同事发现，很多老人的子女为老人购买了智能手机，却没时间教老人怎么用，有的老人连接听电话都不会，于是小娜和同事着手准备开设手机课程。从最简单

的接听电话开始，到微信视频通话、编辑发送图片、防范诈骗……有的六十岁左右、相对年轻的老人还学会了“K歌”“电子相册”等软件的使用，甚至注册了抖音账号，拥有了“粉丝”。

由于“学生”年龄大都在八九十岁，授课也要考虑他们的节奏。刚开始，小娜一节课教四五个智能手机功能的用法，但下节课回来，老人全忘了。现在，她一节课只教一个功能，前20分钟带着老人操作，后20分钟让老人各自练习并相互交流。每堂“手机课”都爆满。有的老人还带着笔记本来，每次能记满满两页。

学会用微信后，很多老人成了生活的记录者。通州区的赵爷爷养的昙花开了，晚上十点半他发了第一条朋友圈——九张从不同角度拍摄的昙花的照片，并配文：“女儿送来的花，终于开了！”

“我今天晚上吃芹菜炒肉，医生说这对血压有好处”“今天天气可真好，出来跟你张阿姨一起打了会儿太极”“在小区门口看见两只小狗，你看像不像你小时候养的欢欢”……养老驿站社区专员小晔说，老人最喜欢的就是视频电话功能。他们说：“可以在屏幕上看到孩子。”

“老人最怕孤独，为老人做点事情，感觉挺快乐的，相信大家一块干，一定能干好。”有志愿者说，“毕竟爱老敬老，是一辈子的事儿。”

资料来源：新京报（有改动）

（三）常见情况处理

1. 老人头晕

如果是由休息不好或感冒引起的头晕，可以在老人的太阳穴和人中处涂抹风油精或清凉油，并用大拇指按压老人手腕内侧的内关穴，如图6-1所示；如果是由低血糖引起的头晕，则需马上冲一杯葡萄糖水给老人喝，再让老人慢慢食用一些易消化的食物；如果是由室内闷热所致的头晕，就要先通风，再为老人涂抹药油。

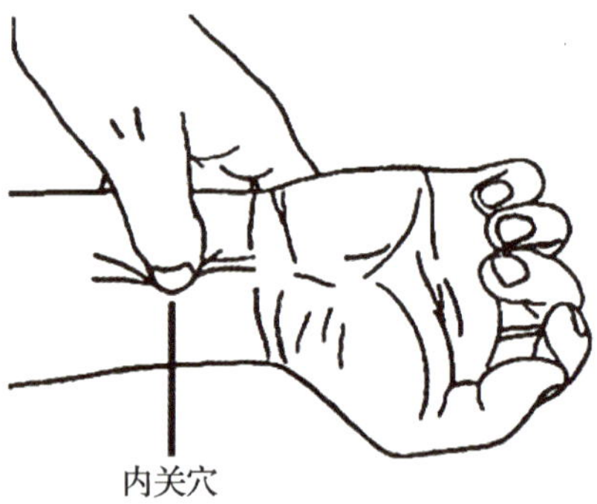

图6-1　用大拇指按压内关穴

2. 老人跌倒

老人跌倒时，千万不能马上扶起老人，而要问一下老人摔到了哪里，检查其有没有骨折，确定没有骨折后再小心地扶起老人。若怀疑老人骨折，应叮嘱老人保持不动，并尽快拨打急救电话。

扫一扫

老人跌倒的紧急处理

3. 老人不吃饭

多关注老人的饮食，让他们多吃水果、蔬菜，并适当吃些荤食，做到营养均衡。另外，在老人吃饭时，应嘱咐他们遵循“少食多餐”的原则。

若老人不吃饭，则应及时找出原因，如胃口不好、饭菜不合口味、有心事等，然后针对不同原因采取不同措施，促进老人进食。

（四）其他事项

（1）老人的视力逐渐下降，腿脚也逐渐不太灵便，因此在他们居住的地方不要放置太多杂物，以免他们磕碰受伤。

（2）为老人准备一款智能手机或智能手表，最好有定位功能，以便老人在需要帮助时能及时获得帮助。

（3）劝老人多出去走走，鼓励他们和小区里的其他老人一起跳广场舞、健身，或参加一些适合他们的娱乐活动。

（4）了解老人的患病情况，以及对应疾病的基本特征和护理时的注意事项。

（5）多留意老人的身体状况，尤其是在换季时。

（6）搀扶老人时，要根据老人的不同情况，采用不同的搀扶方式（见图 6-2）。如果老人身体不错，能够自主行走，可以让他抓着你的手臂，以防他失去平衡。如果老人腿脚不灵便，不能自主行走，则在搀扶老人时，应和老人面对面站立，用自己的脚尖抵住老人的脚尖，并请老人抓紧自己的手臂；让老人把重心放在一只脚上，然后迈出另一只脚，与此同时，自己的脚向后撤；如此反复，引导老人一步步向前行进。

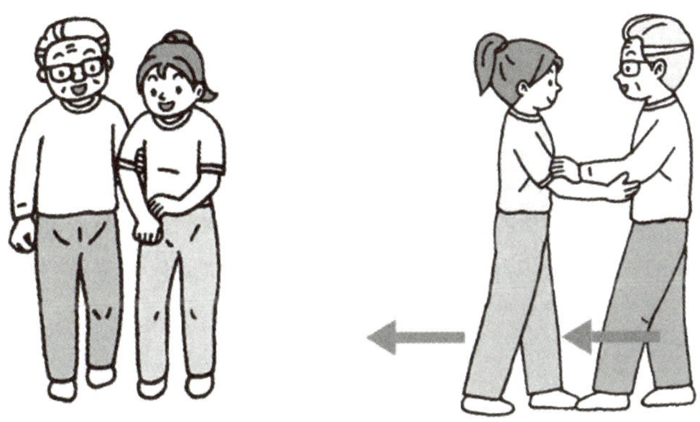

图 6-2　两种不同的搀扶方式

（7）老人是我们照顾的对象，但他们也希望能被人需要。在日常生活中，对于家里的大小事情，应多与老人商量；对于行动自如的老人，可以适当让他们做一些家务，使他们觉得自己还可以为家人提供帮助，而不是家人的累赘。

二、心理护理

对于患慢性病或因病在家休养的家人，除了要在生活上给他们提供帮助外，还要为他们提供适当的心理护理，以积极的情绪感染他们，帮助他们保持良好的心境。一般来说，可以从以下四个方面进行心理护理。

（一）帮助患者保持乐观的情绪

患病特别是患有慢性疾病的人，往往会产生沮丧、焦虑的情绪，这类情绪不但不利于其身体康复，有时还会使病情加重。因此在平日里，应注意通过环境、语言、态度、行为等影响患者，使患者产生积极的情绪，保持良好的心理状态，让患者感受到温暖和鼓舞。

此外，要多关注患者的情绪变化，如果发现患者情绪异常，则应及时开导患者；在患者病情稳定的情况下，还可以向其讲解疾病的发展变化情况及注意事项，消除其思想顾虑，增强其战胜疾病的信心。

（二）督促患者按时按量服药

有些患者不愿意按时按量服药，究其原因，主要有以下几种：① 害怕服药；② 担心长期服药后会出现不良反应；③ 长期服药而病情未见明显好转，因而产生了抗拒心理；④ 抱着侥幸心理，认为不吃药或者少吃药病情也能好转；⑤ 担心经济负担过重，准备放弃治疗。

如果发现患者出现不愿意按时按量服药的情况，应及时了解原因，然后做好劝慰工作。

（三）创造适合患者治疗和休养的家庭环境

患病期间，整个家庭要合力为患者营造一个适合其治疗和休养的家庭环境。例如，减少家庭娱乐活动，为患者提供安静的休息环境；加强与患者的情感交流，为患者提供安全的心理环境。

（四）帮助患者恢复社会适应能力

疾病的痊愈表现在两个方面，即疾病症状消失和患者社会功能恢复。在病情允许的情况下，鼓励患者适当活动，做一些力所能及的家务劳动，或者陪同患者参加文娱活动和社会活动，可以帮助其尽快恢复社会功能。

三、急救常识

在家庭生活中，某些突发的意外伤害和危重急症一旦处理不当，往往会使小伤变成重伤、小病变成大病。如果懂一些急救的常识，当身边的人发生意外时，就能有条不紊地及时对其加以救治与护理。

（一）烫伤急救

一旦家人被烫伤，应立即用流动的冷水冲洗或用凉毛巾冷敷被烫部位，以冷却局部皮肤并减轻疼痛。如果是隔着衣服被热水、热汤烫伤，切勿立即脱下衣服，应先用冷水直接浇在衣服上降温，充分泡湿伤口后再小心除去衣物。如果衣服和皮肤粘连在一起，切勿撕拉，正确的做法是将未粘连部分剪去，把粘连部分留在皮肤上，然后用清洁纱布覆盖伤面，以防污染，并尽快送医。

烫伤后，要注意以下两点：

（1）不能采用冰敷的方式治疗烫伤，这是因为冰会损伤已经破损的皮肤，导致伤口恶化。

（2）不要弄破水泡，也不要随意将抗生素药膏或油脂涂抹在伤口处，因为这些黏糊糊的物质很容易沾染细菌，不利于伤口恢复。

（二）中暑急救

发现有人中暑时，应及时将其转移到阴凉通风处，使其平卧并解开其上衣（见图 6-3），然后喂其喝一些淡盐水（不可大量补充水分，否则会引起呕吐、腹痛、恶心等症状），最后利用扇子或电风扇帮助其散热。若中暑情况较为严重，必须立即将中暑者送往医院诊治。

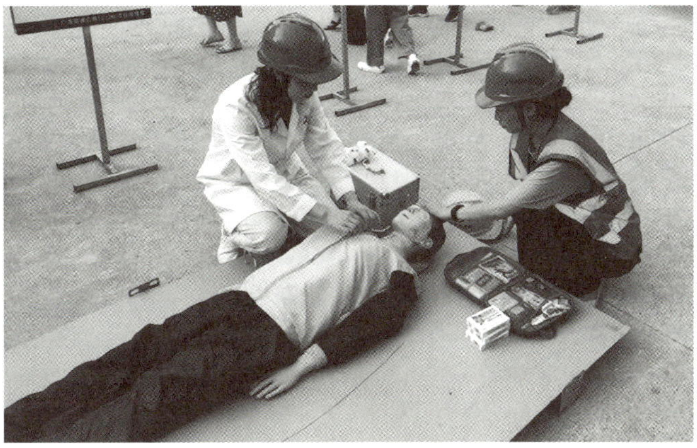

图 6-3　中暑急救

（三）触电急救

当家人不小心触电时，应迅速断开电源或用干木棍、干竹竿等挑开电线，注意不能直接用手拉开触电者。然后，立即检查触电者的心跳和呼吸情况，若触电者已停止呼吸，则应立即对其进行心肺复苏，同时拨打急救电话，寻求专业急救人员的救治。

（四）意外受伤急救

遇到家人因受伤大出血时，应保持冷静，并迅速评估伤口的大小和出血情况，然后找一个能完全覆盖伤口的干净敷料（如毛巾、纱布等）按住伤口进行止血。需要注意的是，按压伤口时一定要对伤口施加足够的压力，不能轻轻覆盖，否则无法达到止血的目的。

（五）心搏骤停急救

心搏骤停是医学领域最危急的情况之一，若得不到及时有效的救治，4～6 分钟后会对患者的脑部和其他人体重要器官、组织造成不可逆的损害，甚至致其死亡。心搏骤停有宝贵的 4 分钟黄金抢救时间，学习心搏骤停的急救方法在关键时刻能救命。

1. 判断心搏骤停的方法

心搏骤停起病骤急、死亡率高，第一时间识别心搏骤停尤为重要。在确保周围环境安全的前提下，识别心搏骤停有三大关键点，即“三停”。

（1）意识停止：判断患者的意识状态，可用力拍打患者双肩并大声询问“喂，你怎么啦？”并观察其是否有反应。

（2）呼吸停止：如患者意识停止，迅速判断患者是否有呼吸，一般是将侧脸置于患者鼻前，感受是否有气流，同时侧头平视患者胸廓，观察是否有起伏变化。

（3）心跳停止：主要判断有无颈动脉搏动，常用方法为一手食指与中指并拢伸直，置于患者喉结旁开两指的凹陷处，用指腹感受是否有搏动，判断时间为 6～10 秒。若确定“三停”，须拨打 120 求救（建议充分利用手机免提功能）。

2. 心搏骤停急救方法——心肺复苏

心肺复苏包括三个步骤，即胸外按压、开放气道和人工呼吸。

（1）胸外按压。进行胸外按压时，应使患者平卧于硬质平面上，解开其衣扣及裤带，按压两乳头连线的中点（见图 6-4）。按压时，将左手手掌置于患者胸部中央，右手手掌置于左手手背上，十指相扣；上身前倾，双臂与患者的胸部垂直（见图 6-5），以自身的髋关节为轴，用上身的力量向下按压患者胸骨，持续按压 30 次，频率为 100～120 次/分，深度为胸骨下陷 3～5 厘米。进行胸外按压时，应最大限度减少中断。

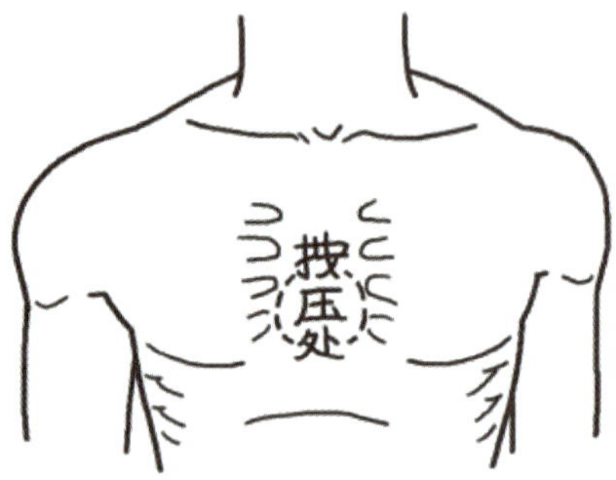

图 6-4　按压部位示意图

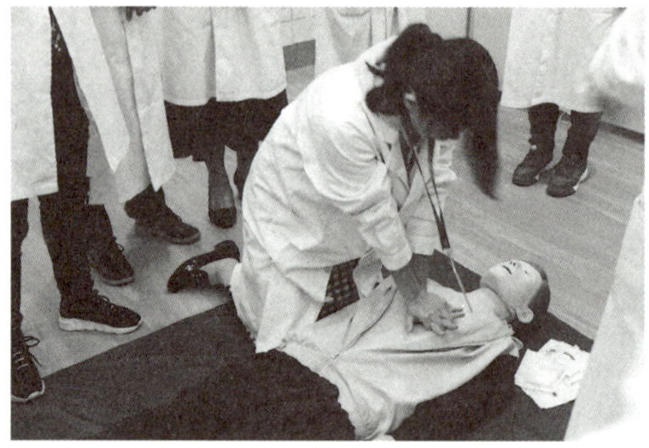

图 6-5　胸外按压示意图

（2）开放气道。开放气道主要是使患者下巴与耳垂的连线垂直于地面，即呈“鼻孔朝天”状态（见图 6-6）。但要注意，在开放气道前，应检查患者口腔内有无分泌物及可活动假牙。若有，则应先将患者的头偏向一侧，取出分泌物或假牙。

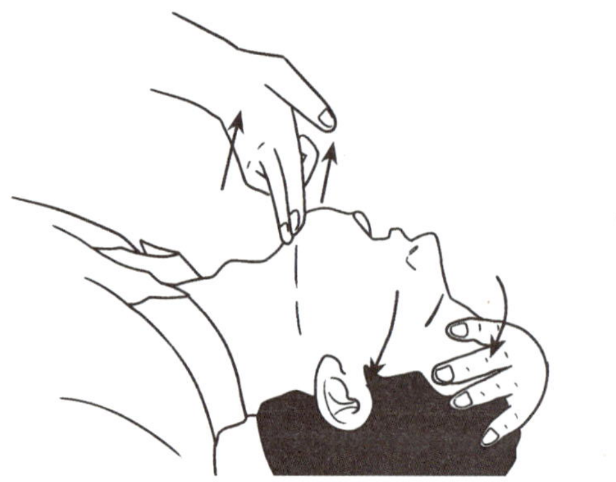

图 6-6　开放气道示意图

（3）人工呼吸。缓慢、用力地将气体吹入患者口中，同时用余光观察患者的呼吸情况，以胸廓明显突起为准，然后松开患者的口鼻，使患者体内的气体顺畅地排出（见图 6-7）。

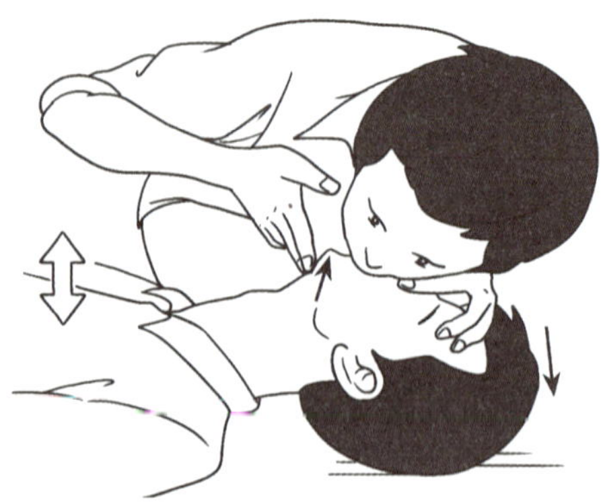

图 6-7　人工呼吸示意图

在进行 30 次胸外按压后，开放患者气道并进行 2 次人工呼吸，以上为一组心肺复苏操作。连续进行五组操作（约 2 分钟）后，再检查患者的情况，判断其意识、呼吸、心跳等是否恢复。现在也有研究认为，不进行人工呼吸，仅进行胸外按压，也能起到抢救效果。

（六）气道阻塞急救

海姆立克急救法（见图 6-8）是对气道阻塞（如食物嵌塞或窒息）者进行现场急救的有效方法。具体操作方法是：急救者先以前腿弓、后腿蹬的姿势站稳，然后让患者坐在弓起的大腿上，身体略前倾，将双臂分别从患者两腋下前伸环抱，右手握拳，左手从前方握住右手手腕，右拳虎口贴在患者胸部下方、肚脐上方的上腹部中央，形成“合围”之势，然后突然用力收紧双臂，用右拳虎口向患者上腹部内上方猛烈施压，迫使其上腹部下陷（两手可互换）。对吸入异物导致气道阻塞的儿童进行急救时，大多采用这一方法。

扫一扫

海姆立克急救法

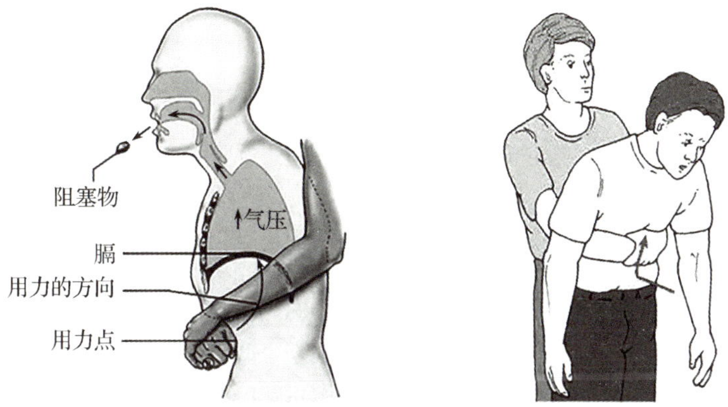

图 6-8 海姆立克急救法

劳动百态

小陈利用急救知识救人

一列从上海开往郑州的列车即将到达镇江站时，该列车的 8 号车厢内一名 40 多岁的乘客突然昏倒，口吐白沫，列车长立即通过车内广播寻求帮助。大学生小陈闻讯赶到 8 号车厢，主动向其他乘客询问并检查病员的情况，发现其脉搏微弱，体温下降。此时正值列车进站，小陈与列车员一起将病员抬上站台，配合实施心肺复苏。经过 10 多分钟的紧急抢救，病员面色逐渐好转，最终脱离生命危险。

“小陈不顾病员口中的污物对病员实施紧急救援，感动了在场的许多乘客和工作人员。他的这种优良品质真的很难得！”列车长对小陈的救人行为称赞道。

“我察看后发现病员意识丧失、脉搏微弱、呼吸微弱，心里也很紧张，但是想到自己认真学过心肺复苏等急救方法，于是决定试一试，为医生抢救病员争取时间。”小陈说。这是小陈第一次用所学的急救知识救人，在得知病员转危为安后，小陈很欣慰：“父母一直教育我做老实人，多做善事，我只是力所能及地帮助了别人，这没什么。”

资料来源：人民网（有改动）

第二节　为社区提供服务

社区是比家和学校大一个层次的社会单位，是劳动者运用知识、施展才华、实践成才的舞台，也是其服务他人、奉献社会的一个起点。参与社区服务不仅有利于社区的精神文明建设，而且有利于提高劳动者的劳动技能、社会适应能力和道德素养。

一、了解社区居民服务需求

一般来说，社区居民的服务需求大多为以下内容：青少年、儿童课业辅导，老年人陪伴慰问，重病患者陪护，残疾人康复训练，法律咨询，心理辅导等。社区具有一定的地域性特点，每个社区的服务需求有一定的差异，我们要先对社区居民的服务需求进行调查、了解后，再有针对性地为他们提供服务。

进行社区服务需求调查，是开展社区服务最重要的前期工作。一般来说，我们可以通过直接和社区工作者沟通或发放调查问卷等形式来了解社区居民的需求，然后再结合自己的能力和专业优势确定服务项目。例如，某大学医学部的志愿者们具有针对性地为社区居民做健康检查（见图 6-9）。

图 6-9　社区义诊活动

课堂活动

你学的是什么专业？与同学讨论你们凭借专业能力可进社区为居民提供哪些服务。

二、策划社区服务活动

参与社区服务的形式主要有个人参与和团队小组参与两种。如果以个人名义进社区提供服务，只需要向社区申请，确定服务时间和服务内容即可；如果以团队名义进社区提供服务，除了要跟社区沟通外，更重要的是要提前策划社区服务活动。下面介绍活动前、活动中、活动后三个阶段的社区服务策划内容。

（一）活动前

扫一扫

呵护社区儿童
体会最纯真的乐趣

（1）撰写计划书：从活动目的、活动目标、活动时间、活动地点、活动流程、活动评估、预计困难与对策、经费预算等入手，详细展开叙述。

（2）人员招募：一般情况下，可以在学校内寻找“志同道合之士”；如果服务项目有特殊要求，也可通过互联网招募合适的团队成员。

（3）场地链接：与社区进行协调，确定活动场地。

（4）准备物资：根据项目需求提前做好物资准备。

（二）活动中

活动正式开始前，可以通过一些热身小游戏活跃气氛，给服务对象营造轻松自然的活动氛围，从而促进活动的开展；活动过程中，可酌情加入一些内容新颖、趣味性强的环节，引导在场的社区居民积极参与。

（三）活动后

活动结束后，要及时总结社区服务活动的成效，包括社区居民参与度高不高，目标有没有达成等，并反思有哪些地方需要改进，从而为再次开展活动积累经验。需要注意的是，应在活动结束的第一时间将活动场地打扫干净。

第三节　分享生活的美好

一个热爱生活的人，往往懂得付出，能做到主动守护家人、积极服务社区。一个热爱生活的人，也往往有理想、有追求，他们会为自己营造舒适的生活空间，积极享受生活、记录生活、分享生活。

一、热爱生活，发现生活的美好

一位高校的保洁人员在打扫卫生时，看到学院有一架无人使用的钢琴，便弹了一会儿，这个场景被学生拍下发到网上后，平凡生活了 66 年的吴先生，一夜之间成了“网红”；卞先生今年 86 岁，因为坚持在网络平台直播唱戏，被网友亲切地称为“京剧爷爷”；张先生因为热爱音乐，用寻常的碗筷演绎出了一首首不同寻常的轻快乐曲，他在茫茫“碗”海中不断地敲打，尝试找寻他所需要的音符。

这些“开挂”的人生不是传说，而是专注与坚持换来的结果，体现了普通人对生活的热爱。

（一）无论年纪多大，生活都不曾褪色

在公园、在社区，我们常常看见一些白发苍苍的老人，他们精神矍铄，嗓音洪亮，笑容开朗。这些老人都在透露一种信息：只要还活着，就要相信“生活还有诗和远方”。

正如那位弹钢琴的“网红”保洁员，他在接受媒体采访时表示，自己弹琴全凭自学，而且由于右手的一根手指只有半截，给学琴过程带来很大的障碍，但他却没有半途而废。从 60 岁开始，他坚持了 6 年，

被网友亲切地称为“扫地僧”。

热爱生活的人，通常也会比较健康。美国某医学杂志刊发的一项英国伦敦大学的研究成果表明，感觉自己拥有一颗“年轻的心”的人更有可能长命百岁。

（二）无论身处何地，生活都有姿色

热爱生活这件事，与年龄无关，身份、环境更不是它的阻碍。我们身边总有那么一些人，即使身处泥泞之中，依然不忘仰望星空。

年轻的建筑工人石先生，因为写得一手很好的毛笔字，在短视频平台上走红，被网友称为“抹灰哥”。他表示，他自初中起就开始喜欢上书法，而这个爱好，在他外出打工的这十多年里一直都没有被放弃。在工地上，他用坏掉的烧水器来洗毛笔，用废弃的烧酒杯来装墨水，用地上的石块压宣纸。结束每天10个小时的抹灰工作后，这种随意的挥毫泼墨，是石先生最喜欢的放松方式。

《中国诗词大会》第三季的总冠军雷某同样也是一位逆袭的“网红”。在参加比赛之前，他只是骑着电动车每天穿梭在大楼之间送餐的“外卖小哥”。然而，就是这位平凡的外卖员，一路过关斩将，在《中国诗词大会》一举夺冠。

他在节目里说，自己每天都会随身携带一本《唐诗三百首》，等餐的时候、休息的时候，就拿出来背，“一单外卖送到了，一首诗也背会了，心里特别高兴”。

主持人动情地称赞他：“你所有在日晒雨淋中的辛苦，你所有偷偷地在书店里背下的诗句，在这一刻都绽放出了格外夺目的光彩。你在读书上花的任何时间，都会在某一个时刻给你回报。”

生活可能艰辛，但热爱生活的人会在寻常的日子中找到属于自己的乐趣。能够站到舞台上的不仅有青春年少的天之骄子，还有很多平时隐没于市井的“外卖小哥”、超市服务员、农民大姐……他们的生活虽然平凡，但并不缺乏色彩。他们的兴趣、特长一旦遇到了机缘，可能会令其人生“开挂”，但更重要的是，这些兴趣与特长点亮了他们的生命，令他们乐在其中。从此，他们的生活不再无聊，只要心里有追求，人生就会变得光彩夺目。

（三）对生活充满热爱，生活终会回馈你精彩

近年来，网络上衍生出一些“丧词”，如“躺平”，表现出当下一些年轻人对生活无欲无求的状态。我们也常常听到身边的人抱怨生活无聊、乏味。

有的人之所以不“躺平”、不抱怨，是因为他们选择了热爱生活。热爱生活，就是热爱生命，生活有多美好，取决于你对它有多热爱。

一个热爱生活的人，心中总是充满幸福感。北京回龙观医院精神科副主任医师宋某表示，对生活充满热爱，会让人幸福指数升高，心情愉悦。热爱生活的人，会积极主动地做事情，并享受过程本身，而积极行动之后的结局，一般也不会太差。有研究证实，人们做感兴趣的事时，能够分泌多巴胺，激活奖赏机制，给人带来刺激或快感，即心理学中的正向激励或正向反馈，形成良性循环。

所以，即使生活有不如意之处，也不要放弃对生活的热爱。否则，可能除了“眼前的苟且”，也只剩下“远方的苟且”。

热爱生活，其实很简单，只需要每天保持一颗乐观的心，去发现和体味生活中的美好。然后你会发现，真正的诗和远方就在脚下和眼前。

二、养护绿植，美化生活空间

绿植不仅能美化居室，让我们的居住空间充满生机与活力，还能净化空气，让室内的空气更加清新。更重要的是，养护绿植的过程能让我们的身体更加健康，让我们的心情更加愉快。

（一）选择室内绿植的原则

在选择室内绿植时，我们不仅要考虑自己的喜好，还要考虑绿植与居室环境的搭配。具体来说，要遵循以下三个原则。

1. 兼顾观赏性和实用性

在选择室内绿植时，应以不妨碍生活为前提，选择具有观赏性的绿植。此外，还应因地制宜，根据室内的光照情况，选择适合在室内生长且可改善室内环境的绿植。在选择室内绿植时，一般以观叶绿植（如绿萝，见图 6-10）为主、观花绿植（如菊花，见图 6-11）为辅。

图 6-10 绿 萝

图 6-11 菊 花

2. 绿植数量与房间空间相协调

室内的绿化面积最多不得超过居室面积的 10%，以免使人觉得压抑。而且有些绿植会与我们“争夺”氧气，不利于我们的身体健康。

3. 绿植色彩与室内色彩和谐

绿植色彩和室内色彩搭配和谐，才能使人更加轻松愉快。在布置时，可采用对比的手法，如环境的背景为亮色调时，应选择颜色深沉的观叶植物；环境的背景色为浅色调时，可选择鲜丽的花卉，以使整个环境具有立体感。

（二）常见绿植

（1）能净化空气的绿植：芦荟、吊兰、绿萝、虎尾兰、一叶兰、龟背竹等都是天然的“清道夫”，可以清除空气中的有害物质。

（2）能驱逐蚊虫的绿植：蚊净香草是芳香类天竺葵科植物，从澳大利亚引进。该植物耐旱，半年内就可生长成熟，养护得当可成活多年，有很高的观赏价值，还可以驱蚊虫。

（3）能杀病菌的绿植：玫瑰、桂花、紫罗兰、茉莉、柠檬、石竹、铃兰、紫薇等芳香花卉产生的挥发性油类具有显著的杀菌作用。其中，紫薇、茉莉、柠檬等植物可以杀死白喉菌和痢疾菌等原生菌；石竹、铃兰、紫罗兰、玫瑰、桂花等植物散发的香味对结核杆菌、肺炎球菌、葡萄球菌的生长繁殖具有明显的抑制作用。

（三）室内绿植的养护

1. 选择合适的花盆

选择花盆是一个看似简单，实则大有学问的“技术活”。通常，我们需要根据绿植的造型、大小、习性、颜色等特点来选择合适的花盆。

（1）根据绿植造型选择：悬垂式花木，如紫藤、吊兰、常青藤等，通常选用高筒型的花盆，这类花盆盆口较小，盆体较深，与垂下的枝蔓相衬，饶有一番情趣；而丛生状花木，如杜鹃、米兰、海棠、石榴、瓜叶菊等，其枝叶伸展面积比较大，适合用大口径花盆。

（2）根据绿植大小选择：花盆过小时，植株显得头重脚轻，根系难以舒展成长；花盆过大时，盆土的持水量过多，但植株叶面较小，水分蒸发少，土壤不容易干燥，会影响植株的根系呼吸，严重的会导致植株烂根。

（3）根据绿植习性选择：喜湿绿植，如龟背竹、旱伞草、吊兰、绿萝、散尾葵等，可用塑料花盆种植。对透气性、排水性有较高要求的绿植，如梅花、兰花等，可用瓦盆种植。

（4）根据绿植颜色选择：通常来说，枝叶颜色较淡的绿植宜搭配深色花盆，枝叶颜色较深的绿植宜搭配淡色花盆，以达到深浅映衬的效果。

2. 合理浇灌

室内绿植的养护中最重要的一环就是对绿植进行浇水管理。浇水过多会使绿植萎蔫、茎叶腐烂、生长不良或者在土基表面长出苔藓，浇水不足会造成绿植萎蔫、叶片下垂、花朵褪色和凋谢。一般情况下，给室内绿植浇水都应该遵循宁干勿湿的原则，平时需要浇水时应一次性浇透，切勿频繁浇水。另外，还要根据绿植的生长周期来决定浇水量，如处于生长期就需大量浇水，处于休眠期就应该少浇水。仙人球、芦荟等绿植自身水分充足，无论处于哪一生长阶段，都应该少浇水。

季节不同，绿植的需水量也有所不同。一般来说，春、夏、秋季补充水分要充分、及时。夏季气温高，最好能做到每天早晚各浇一次水。而冬季气温低，要严格控制土壤中的水分，以提高绿植的抗寒能力。

劳动小贴士

绿植浇水十要诀

草本多浇，木本少浇；
春夏多浇，秋冬少浇；
喜潮花卉多浇，喜旱花卉少浇；
天热多浇，天冷少浇；
叶大质软的多浇，叶少有腊的少浇；
旱天多浇，阴雨天少浇；
孕蕾期多浇，开花期少浇；
阳台上的多浇，厅堂中的少浇；

苗大盆小的多浇，苗小盆大的少浇；
不干不浇，浇则浇透。

3. 合理施肥

施肥是绿植栽培管理中一项极为重要的工作。室内观叶绿植的观赏价值主要在叶，特别需要氮肥；对于水培绿植，应多用营养液补充其生长所需营养。

4. 选择合适的摆放位置

摆放室内绿植的关键在于满足其对光照的要求。每一种绿植都有自己的生态习性，我们应根据绿植喜阳或是喜阴的特点，选择其摆放位置。

5. 遵循“防重于治”的方针

养护室内绿植时，应注重病虫害的防治，及时清除花盆内的杂草和病枝枯叶，定期喷药和松土。要做到防患于未然，预防病虫害的产生。

三、制作短视频，分享精彩生活

在网络发达的今天，通过观看各种类型的短视频，我们可以在互联网上领略各行各业劳动者的生活常态，了解世界各地不同肤色不同国家的人们趣味横生的生活片段，甚至学习各种知识、学会不同技能、掌握各种语言，以不断开阔自己的视野。我们每个人既可以是短视频的观看者，也可以是短视频的制作者。

若只是简单地想用短视频记录生活中的点点滴滴，分享日常生活，我们大可随心拍摄，利用好手机和简单的剪辑软件即可。

如果我们希望拍摄出精美的短视频，通过分享旅途中的风景、分享美食、分享生活技能或分享自己的奇思妙想，在网络上引起一定的关注，就需要我们花费一定心思，提前做好构思，写好脚本，仔细研究视频剪辑软件等。

（一）制作短视频的步骤

通常，我们可以根据以下步骤制作精美的短视频：

（1）提前准备好手机、三脚架（见图 6-12）、麦克风、补光灯（见图 6-13）等设备。

图 6-12　三脚架

图 6-13　补光灯

（2）确定所要做的视频的主题、长度、风格等。

（3）编写文案和脚本。编写文案，就是把视频想要表达的内容提前写下来，以免出现拍摄时忘词、遗漏等情况。脚本是把文案转化成能用视频形式表达的说明性文字，如标注哪一部分需要出镜讲解，哪一块需要拍摄实物等。有了文案和脚本后再进行拍摄，可以大幅提高拍摄效率。

（4）根据主题和文案选择拍摄场地。进行室外拍摄要注意天气和时间；进行室内拍摄要注意灯光，并尽可能保持背景干净，切忌太杂乱。

（5）正式拍摄前，可提前演练几遍，做到心中有数。

（6）正式拍摄。正式拍摄时要注意以下情况：① 防止出现画面混乱、拍摄对象不突出等现象；② 注意构图，成功的构图应该主次分明、简洁明了，给人以赏心悦目之感；③ 要让画面产生一定变化，如定点拍摄人物时，要注意通过全景、中景、近景、特写等的切换来突出重点。

课堂活动

你拍过短视频吗？分享下你的拍摄经验或技巧吧。

（7）开始剪辑。剪辑视频前，要对风格、背景音乐、大体的画面衔接过程进行构思；剪辑时，要把多余的部分裁剪掉，把不同的片段拼接成一个完整的视频，再配以滤镜、音乐、字幕、特效等。

（二）制作短视频的技巧

1. 编写文案

文案具有提炼要点、补充延伸等作用，可增强短视频的感染力，引发观看者的共鸣和思考。因此，在制作短视频时，应重视文案的编写。

2. 注重开头

在视频开头，直接抛出问题和“利益点”，往往能激发观看者的好奇心。

3. 使用背景音乐

巧妙地使用背景音乐，可以更好地吸引观看者的注意力。常见的使用背景音乐的方法有两种：第一种是运用不同的音乐来烘托不同的情绪，第二种是直接使用热门音乐。

4. 抓住对方眼球

我们在拍视频时，可以通过分享罕见的美景、使用崭新的视角、展现意外场景等，来勾起观看者的好奇心，让其产生继续看下去的兴趣。

躬身践行——“文明实践进社区　我为群众办实事”社区服务活动

【劳动任务】

随着越来越多的“单位人”转为“社会人”，大量退休人员、下岗失业人员和流动人员进入社区，社区居民的物质、文化、生活需求日益呈现出多样化趋势，经济社会的发展和居民的多方面需要，给社区服务提出了更高的要求。

请以小组为单位，自定服务内容，利用周末、课余时间走进某社区，依据自己所学专业，发挥知识、技能特长，为该社区居民提供“文明实践进社区　我为群众办实事”社区服务活动，并全程进行摄像。最后将服务过程制作成短视频，上传至短视频平台进行宣传。

【劳动分组】

全班学生以 8～10 人为一组进行分组，各组选出组长并进行任务分工，将小组成员及分工情况填入表 6-1 中。

表 6-1　小组成员及分工情况

班级		组号		指导教师	
小组成员	姓名	学号	任务分工		
组长					
组员					

【劳动准备】

（1）掌握相应的服务技能。

（2）掌握一定的沟通技巧。

【劳动计划】

小组商议，确定具体的服务计划，填入表 6-2 中。

表 6-2　服务计划

步骤	服务内容	时间安排	负责人
1			
2			
3			
4			
5			

【劳动实施】

按照服务计划，开展“文明实践进社区　我为群众办实事”社区服务活动。将具体的实施情况记录在表 6-3 中。

表 6-3　实施情况

<table>
<tr><th>时间安排</th><th>实施步骤</th></tr>
<tr><td></td><td>1. 小组讨论确定服务流程</td></tr>
<tr><td></td><td>2. 规划去所服务社区的路线并确定出行方式：</td></tr>
<tr><td></td><td>3. 准备需要的工具及材料：
<table>
<tr><td>（1）</td><td></td><td>（7）</td><td></td></tr>
<tr><td>（2）</td><td></td><td>（8）</td><td></td></tr>
<tr><td>（3）</td><td></td><td>（9）</td><td></td></tr>
<tr><td>（4）</td><td></td><td>（10）</td><td></td></tr>
<tr><td>（5）</td><td></td><td>（11）</td><td></td></tr>
<tr><td>（6）</td><td></td><td>（12）</td><td></td></tr>
</table></td></tr>
<tr><td></td><td>4. 组长负责与社区居委会进行联系，沟通进社区服务的具体时间与注意事项</td></tr>
<tr><td></td><td>5. 所提供服务的技术要点：</td></tr>
<tr><td></td><td>6. 根据分工提供服务并拍摄视频</td></tr>
<tr><td></td><td>7. 小组集体剪辑短视频，并适当配以字幕、背景音乐或旁白等，上传到短视频平台，为班级的社区服务进行宣传</td></tr>
</table>

【劳动评价】

教师可参考表 6-4 对各小组的“文明实践进社区　我为群众办实事”社区服务活动进行评价。

表 6-4　活动评价表

项目名称	评价内容		分值	评价分数		
				自评	互评	师评
素养评价 20%	小组分工合理，团结协作		6 分			
	积极参与服务活动		8 分			
	耐心诚恳，用心服务		6 分			
技能评价 40%	服务内容符合社区实际需求		15 分			
	服务结合专业优势		15 分			
	服务用语文明、恰当		10 分			
成果评价 40%	短视频内容积极向上，能展现当代大学生的精神风貌		10 分			
	视频画面清晰，镜头稳定，剪辑合适，转场效果自然		20 分			
	合理使用视频特效		10 分			
合计			100 分			
总评	自评（20%）+互评（20%）+师评（60%）=	综合等级：	教师（签名）：			

【劳动总结】

第三篇

社会实践

SHEHUI SHIJIAN

第七章 学工学农，丰富体验

三百六十行，行行出状元。不管是辛勤种田的农民，还是从事制造业的工人，都不是低人一等的劳作者，而是靠双手创造幸福生活的奋斗者，值得所有人尊敬。

教育家苏霍姆林斯基认为："离开劳动，不可能有真正的教育。"作为新时代的大学生，所学所思也不应局限于课本，而应当深入田间地头、工厂车间，应当辛苦流汗、深入实践，这样才能得到全面发展，才能成为知行合一的实干者。

学习目标

知识目标

★ 了解中国农耕文化，熟悉农村民俗。

★ 了解中国工业文明，熟悉传统工艺。

素质目标

★ 主动学习农民和工人的优秀品质。

★ 体恤、尊重农民和工人，珍惜他们的劳动成果。

实践目标

★ 学会一项传统技艺。

★ 了解传统技艺背后蕴藏的文化内涵。

★ 点燃对中国传统文化的热爱。

思想导读　走出象牙塔　大学生农民成为乡村振兴生力军

摘下一朵雄花，用手将花瓣向后推开，露出雄蕊，然后用雄蕊轻蘸雌花柱头……一大早，在厦门市同安区竹坝路上的一个育种基地里，几位年轻的农民正聚精会神地对苦瓜进行人工授粉。

这群和蜜蜂“抢”工作的农民，平均年龄不到26岁。在这片面积约50亩的育种基地里，他们只做一件事——苦瓜育种。

清秀娇小的小王是其中一员。两年前，毕业于某高校的她应聘到育种基地当起农民。虽然每天脚踩泥土，和苦瓜为伴，但她乐在其中，她说：“我还有很多东西要学。当农民，我觉得挺好的。”

小王所在的育种基地共有21人，一半以上是农业相关高校的毕业生。“带头人”小汤被大家称为“苦瓜汤”。从大学毕业后，他本可以安稳地做个白领，却决定下乡当农民，开始从事冷门的苦瓜育种工作，期望培育出备受农民欢迎的苦瓜品种。

一头连接着农民，一头对接着市场。小汤说，现在的“新农民”不光要低头种田，也要抬头看市场。他用中国的朝代来命名培育的苦瓜品种，并表示：“我生于农村，不少作物的品种都被国外垄断，我希望用所学来提升中国种子的影响力，让菜农想种苦瓜时不找洋种子，而选我们国产的种子。”

党的二十大报告指出，要“全面推进乡村振兴”。随着都市现代农业的快速发展，农村涌现出一批像小汤一样有知识、懂技术、善管理的“大学生农民”。他们运用技术、品牌、资本，为农业发展带来全新的生产方式和理念，成为引领现代农业发展的生力军，致力于让农业成为有奔头的产业，让农民成为有吸引力的职业，让农村成为安居乐业的美丽家园。

资料来源：人民网（有改动）

想一想

（1）你如何看待大学生从事农业劳动？

（2）你了解农业吗？你认为农民有哪些优秀品质值得我们学习？

第一节　懂农业，学农民，识农村

中国是历史悠久的农业大国，农耕文化源远流长。中国人深受农耕文化的熏陶，对农村和农民怀有特殊的感情。感悟农耕文化中的劳动之美、学习农民的优秀品质、认识农村的地理环境和民风民俗，是我们进行职业体验的第一步。

一、中国农耕文化

农耕文化是通过农业耕种所创造和积累的、与农业社会有关的物质和精神文化的总和。几千年的农业生产是中国传统文化产生和发展的社会基础，也是中国农耕文化形成和发展的源泉。中国农耕文化是一种从未间断的文化，是中国劳动人民经过几千年的生产生活实践后，以不同形式延续下来的精华。

（一）农耕文化的体现

中国农耕文化集中体现在以下四个方面。

1. 应时

与农业生产联系最紧密的是时间。古人在长期的生产实践中逐步认识到季节更替和气候变化的规律，他们结合天体的运行位置，确立了二十四节气（见图 7-1）。二十四节气是中国农耕文化的重要组成部分，蕴含着中华民族悠久的文化内涵和历史积淀。二十四节气不仅在农业生产方面起着重要的指导作用，同时还影响着古人的衣食住行甚至文化观念。

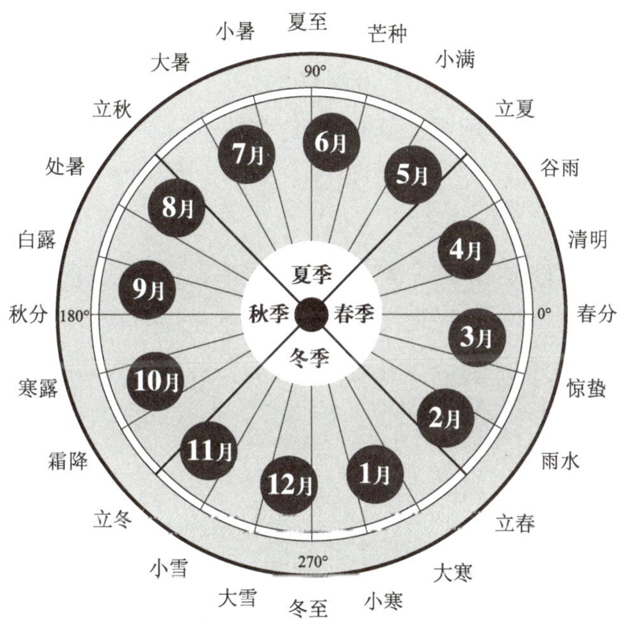

图 7-1　二十四节气图

懂农业　顺自然

一般来说，上半年的节气在每月的 6 日和 21 日前后，下半年的节气在每月的 8 日和 23 日前后。民间流传着一首可以帮助人们记忆二十四节气的歌诀：

春雨惊春清谷天（立春、雨水、惊蛰、春分、清明、谷雨），
夏满芒夏暑相连（立夏、小满、芒种、夏至、小暑、大暑）。
秋处露秋寒霜降（立秋、处暑、白露、秋分、寒露、霜降），
冬雪雪冬小大寒（立冬、小雪、大雪、冬至、小寒、大寒）。
上半年来六廿一，
下半年来八廿三。
每月两节日期定，
最多不差一两天。

勤劳聪慧的古人在确定二十四节气的名称时，充分考虑了气候、物象和农事活动的具体情况。例如，立春、立夏、立秋、立冬、春分、夏至、秋分、冬至八个节气，是预示季节转换的；小暑、大暑、处暑、小寒、大寒、白露、寒露、霜降八个节气，是反映气温变化的，其中前五个节气表示天气炎热或寒冷的时间和程度，后三个节气表示天气转凉，空气中水汽的凝结状况；而雨水、谷雨、小雪、大雪四个节气，表示降雨、降雪的时期和程度；惊蛰、清明、小满、芒种四个节气反映了生物受气候变化影响而出现的生长发育现象与农事活动情况。

2. 取宜

古人很早就懂得根据土壤、地貌、季节、作物等，因地制宜、因时制宜、因物制宜地采用不同的种植方式及农业生产模式，也就是取宜。从南方的热带农业到北方的寒带农业，从东部的沿海平原到西部的山地高原，我国的农业地域类型多种多样，与此相适应的农业生产模式也多种多样。

3. 守则

则，即准则、规范、秩序，它是人与自然长期互动形成的实践原则。守则的主要内容一是守范，二是当位。守范的要求首先是敬天崇德，其次是规范社会各阶层、生活各方面的礼仪、秩序，使人们各当其位。所谓“君子慎独”，就是要求人们不仅在公开场合要守则，在独处时更要警惕自己的行为，勿逸出规则之外。当位就是恪守职分，可以理解为敬业精神和责任感。在其位就要谋其政，行其事。“文死谏，武死战”“居庙堂之高则忧其民，处江湖之远则忧其君”“达则兼济天下，穷则独善其身”等，都表达了这个意思。守则是人们具有良好道德观、价值观的体现。

4. 和谐

中国农耕文化是人们通过农业耕种所创造和积累的，铸就了中华民族自强不息的精神，使中华民族在历经磨难后仍能不断发展壮大；铸就了形式多样的民俗文化，使人民的生活丰富多彩；铸就了中华民族以和为贵的理念，孕育了中华民族天人合一的思想，以及追求人与自然和谐、人与社会和谐、人与人和谐的思想。

（二）在农耕文化中感悟劳动之美

劳动是人类在生产实践中合理调节人和自然关系的感性活动，正是生产劳动使美得以呈现，使劳动自身成为审美对象。马克思直接指出，劳动创造了美。他认为，随着社会历史不断向前推进，劳动真正的美学性质才能完全恢复，生产劳动的美才会摆脱一切束缚充分展现出来。

中国农耕文化是中华民族在长期的农业劳动中所形成的一种文化形态，蕴含着劳动的奋斗之美、和谐之美、创造之美。

1. 农耕文化蕴含着劳动的奋斗之美

奋斗是通往人类美好未来的阶梯。劳动，是奋斗永远不变的底色。“民生在勤，勤则不匮”。从采集、渔猎，到农耕种植，我国先民在漫长的农耕时代所开展的农业劳动，无不体现着人们对劳动美、奋斗美的追求。这样一种奋斗之美集中地体现在农具、田园诗、农谚、民俗节、地方庙会、戏剧等农耕文化的各项载体之中。

仅从诗歌来看，“坎坎伐檀兮，置之河之干兮”，展现的是古代热火朝天的伐木劳动；“锄禾日当午，汗滴禾下土”，刻画的是农民在烈日下锄禾而汗流不止的场景；“昼出耘田夜绩麻，村庄儿女各当家”，描述的是农村劳动人民夏日从早到晚的繁忙。当然，随着社会的发展和进步，传统农耕方式已经改变，很多区域已经采用机械设施设备进行播种和采收（见图 7-2）。

图 7-2　采用机械设施设备进行播种和采收

2. 农耕文化蕴含着劳动的和谐之美

和谐是不同事物在一定条件下具体的、动态的、辩证的统一，表现为相辅相成、互利互惠、共同发展等。不同事物之间的和谐能够给人带来美感和舒适感。

中国传统文化强调天、地、人三位一体，交互作用，这也是中国古代宇宙观的基本内核。在这一思想的指导下，我国传统农耕方式基本上是以遵循自然法则、维护生物与环境和谐统一为基础的，随后又不断扩大到人与人、人与社会的关系。在农业生产中，春种、夏长（zhǎng）、秋收、冬藏，是人们遵循自然法则、依据二十四节气开展农耕生产活动的节奏和规律。这种农事节律又影响和决定着劳动人民的生活节奏，一些节气与民间文化相融合，演变成为固定的生活习俗。例如，清明时，要踏青、插柳、荡秋千，还要祭祖和扫墓；冬至时，除了北方吃饺子、南方吃汤圆的习俗外，人们也会祭祖。

可见，我国农耕文化蕴含着人们在劳动中所形成的人与自然、人与人的和谐之美。今天，我们仍然可以从农谚、民俗节气、地方庙会等农耕文化载体中，领悟古人的生活智慧，感受劳动的和谐之美。

3. 农耕文化蕴含着劳动的创造之美

我国农耕文化中所体现的创造之美曾一度让世人惊叹。

具体来看，一是新作物的培育和新农具的发明推动了精耕细作农耕模式的形成。我国长江流域一带大约在七千年前就已经驯化和种植了水稻，后又将其传播到世界各地；人们在农耕劳作中发明了耒（lěi）耜（sì）、铲、锄、镰等农具，推动了农业的发展。

二是对气候、物候变化规律的经验总结影响了千家万户的衣食住行。“二十四节气”、农谚等既是农民在长期的生产实践中积累的经验，又是农耕时代社会生产、生活的指南。在当时不具备科学测绘仪器的条件下，人们能在生产生活中形成对自然规律的系统化认识，这彰显出我国古代人民的创新创造能力和智慧。

三是建设了众多大型灌溉工程，调和了水资源和自然环境的矛盾。我国有 17 处水利工程入选世界灌溉工程遗产名录，占据了名录的四分之一。

农耕之美、劳动之美就在我们身边，所以，大学生们快走进灌溉工程现场，走进农具博物馆、农耕文化博物馆、农耕文化园，去感受农耕文化中蕴含的劳动之美吧！

二、农民的优秀品质

千百年来，农事最繁忙，农民最辛苦。中国农民的奋斗，顶天立地；中国农民的创造，惊天动地。他们用勤劳的双手和辛勤的汗水，让中国人把饭碗牢牢地端在了自己手中。他们诚恳、朴实、敦厚、乐观的优秀品质，值得我们每一个人学习。

（1）诚恳。农民的诚恳品质体现在三个方面，一是为人诚实，不作假；二是行事光明磊落，敢作敢当；三是待人真诚，重承诺。

（2）朴实。农民普遍具有朴实的品质，为人踏实、质朴、不浮夸。

（3）敦厚。农民为人忠厚老实，不计较个人得失，对任何人都非常热心，只要有人需要帮忙，他们都会毫不犹豫地伸出援手。

（4）乐观。农民大都拥有积极乐观的心态。他们认为，笑着面对生活不仅能消除身体的疲劳感，还能让生活更加多姿多彩。

劳动百态

农民大学生小张和他的“鸡别墅”

小张大学毕业后，在中山从事服装设计工作。2014年，小张发现政府鼓励大学生回乡创业，为了更好地照顾老人，小张决定回到家乡——湖北省咸宁市嘉鱼县。

回到家乡后，小张通过与养殖户沟通，发现村里养鸡普遍存在饲料营养不均衡、饲养密度大、鸡粪堆积等问题，导致环境污染严重，鸡的产蛋率低且鸡蛋品质不佳。

能否通过改变养鸡环境来改变鸡蛋质量？

经过几番设计改造，小张设计出“鸡别墅”。“鸡别墅”是一个钢结构活动板房，长宽高分别是1.8米、1.8米、2米。下层悬空，用于隔离鸡和粪便；上层安装了木质阶梯，满足鸡的攀高习性。这种“鸡别墅”最大的优点是方便搬移。

随后，经过严格的养殖实验，小张和他的团队在2016年成立了嘉鱼县林下生态养殖专业合作社，专注于林下生态养殖，并总结出“135林下生态养殖模式”：即1亩林草地、1个“鸡别墅”、养殖300天、喂养50只、增收5 000元。

“135林下生态养殖模式”风险低、门槛低、好推广，比较适合贫困户。2018年，咸宁市扶贫办注意到这个模式，并提供了400万元专项资金用于推广，1个“鸡别墅”贫困户仅需自付200元，鸡苗贫困户仅需自付100元，由小张的合作社统一供应鸡苗、做好免疫工作、进行免费技术培训，并统一签订保底价回收合同。同时，政府还统一为鸡苗购买保险，确保养殖户无任何风险。“这种养鸡方式，大家稳赚不赔。”小张说道。

高铁岭镇九龙村三组的65岁老人李某就是其中一个受益者。九龙村是嘉鱼县唯一的深度贫困村，李某又是村中的特别困难户。他的独生子身患疾病，不能干重活，而且在离婚后又患上了精神病。老两口不仅需要照顾儿子，还需要照顾孙女。李某家成了建档立卡贫困户。

2017年，在嘉鱼县扶贫办的帮扶下，李某购回2个“鸡别墅”，养了100只鸡。3个月后，就进入了收获期，每天可以收一簸箕的蛋，一颗可以卖到1.5元。与此同时，很多外地人听说李某家有土鸡蛋，就专门上门求购。李某足不出户地将鸡蛋全部卖了出去。

第二年，李某将养殖规模扩大到1 100只。一年下来，光鸡蛋就卖了六万多元，一只鸡还可以卖到60元。

“看到家里赚到钱，儿子的精神状况也好了很多，经常主动帮忙喂鸡。”李某高兴地说。他还表示，“鸡别墅”给他们全家带来了希望。

据不完全统计，近2年来，咸宁市共发展“鸡别墅”5 696个，共有3 292户贫困户参与养殖，每户可增收 5 000 元以上。

绿树村边合，青山郭外斜。小蓝屋顶的“鸡别墅”错落分布在树林间，分外美丽。谈及未来，小张有点腼腆地笑了：“我一直有一个梦想，就是希望能把养鸡合作社做成上市公司。作为一名新型职业农民，我相信自己能行！”

资料来源：人民网（有改动）

课堂活动

你来自农村还是城市？谈谈你眼中的农民吧。

三、农村民俗

一方水土，孕育一方民俗。民俗就是世代相传的民间生活风俗，尤其是在农村，不管是婚丧嫁娶，还是日常劳作和生活，无不与之息息相关。可以说，民俗文化底蕴深厚，内容丰富，神秘奇丽，粗犷中透着柔美，是一股来源于人民、传承于人民，又深藏于人民行为、语言和心理之中的强大精神力量。

民俗文化不仅催生了乡村文明，推动了乡村发展，还发挥了凝聚民心、教化民众、淳化民风的重要作用。民俗文化涉及农村生产、生活的各个方面，下面仅介绍几个典型的农村民俗。

（一）贴窗花

窗花是古老的传统民间艺术之一，历史悠久，风格独特，深受人们喜爱。同时，窗花也是农耕文化的特色艺术，农村的生活方式、地理环境、农业生产特征、社会习俗等，使这种乡土艺术具有鲜明的民俗情趣和艺术特色。过年贴窗花（见图 7-3），寓意吉祥如意。

图 7-3　贴窗花

（二）晒秋

晒秋（见图 7-4）是一种典型的农俗，具有极强的地域特色。很多山区的居民，由于所居之处地势复杂、平地极少，只好利用房前屋后及自家的窗台、屋顶来架晒、挂晒农作物，久而久之就演变成了一种传统农俗。

图 7-4　晒　秋

（三）舞狮

舞狮是中国优秀的民间艺术，每逢佳节或集会庆典，民间都以舞狮来助兴。舞狮一般由两个人合作表演，一人舞头，一人舞尾。表演者在锣鼓音乐下，装扮成狮子的样子，做出模仿狮子形态的各种动作。在表演过程中，舞狮者还要以各种招式来表现南派武功，极富阳刚之气。

（四）闹元宵

元宵节也叫上元节，在农历正月十五。闹元宵（见图 7-5）是中国民俗活动，起源于汉代。这一天，人们合家团聚，吃元宵，赏月观灯，竞猜灯谜，大放焰火，耍“百戏”。正月十五闹元宵的习俗代代相传，经久不衰。

图 7-5　闹元宵

（五）清明扫墓

清明节是中国的传统节日，也是重要的祭祀节日。在这一天，人们会携带酒水果品、纸钱等物品，在亲人墓前供祭食物、焚烧纸钱，并为坟墓培上新土，在坟墓上压纸钱、垫砖头。近些年来，随着人们环保意识的不断增强，也有越来越多的人选择以鲜花祭奠先人。

（六）端午节吃粽子、赛龙舟

端午节吃粽子（见图 7-6）、赛龙舟（见图 7-7）是中华民族延续了数千年的传统习俗。粽子又称角黍、筒粽，由来已久，花样繁多。在端午节，家家要包粽子、吃粽子，有些地方还会举办赛龙舟活动。

端午节始于春秋战国时期，已有 2 000 多年的历史。相传，这一风俗是为了纪念爱国诗人屈原而形成的。

图 7-6 粽 子

图 7-7 赛龙舟

（七）贴年画

年画是中国民间特有的一种绘画，具有色彩鲜明、内容丰富、寓意美好等特点，是中国人民喜闻乐见的艺术形式。

贴年画是中国老百姓过年时一个比较普遍的习俗。每到除夕这天，家中的长辈会把早已准备好的形象各异的年画贴在自己家的屋门及院门之上。大红色的对联配上花花绿绿的年画，顿时让整个房屋、院落都充满了过年的气氛。

贴年画这一习俗寄托了人们对驱灾避邪、风调雨顺、家宅安泰、平安吉祥、祈福迎财的美好愿望。

第二节 知工业，学工人，通技艺

工人阶级是新时代的见证者、创新者、建设者。了解中国工业文明的基本情况，可以帮助我们体悟“幸福都是奋斗出来的”的价值观；学习工人的优秀品质，有助于我们继承和发扬敢于奋斗、勇于奋斗的优良传统；认识我国的传统工艺，是我们接力奋斗、精通自身“技艺”的基础。

一、中国工业文明

工业是现代化经济体系的重要基础，工业文明是现代经济社会发展的基础性文明。古代中国是世界文明的重要发祥地，四大发明、瓷器、造船航海、都江堰水利工程等成果至今享誉全球。中华人民共和国成立后，尤其是改革开放以来，中国建立了门类齐全的工业制造体系，创造的一个个“中国奇迹”令世界惊叹。

中国的工业文明孕育、成长于中国特色社会主义实践中，与西方工业文明之路有着本质上的不同。十八大以来，党中央着眼于新时代经济社会发展新特征，提出新发展理念，实施“中国制造 2025”等，标志着中国新时代工业文明思想已经形成。

中国工业文明发展建立在生态环境可持续、社会公正和人民群众积极参与的基础上，追求的是人民日益增长的美好生活需要不断得到满足、个人得到全面发展，同时又保护生态环境，实现中华民族永续发展。此外，中国还拥有世界第一的制造业规模，门类齐全、独立完整的产业体系，强大的综合配套能力，亿万高素质劳动者大军，并且在载人航天、超级计算、高铁装备、通信技术等领域处于世界先进水平。

二、工人的优秀品质

“嘿！咱们工人有力量！”这首妇孺皆知的歌曲使中国工人坚强豪迈的形象深入人心。70多年的实践证明，亿万看似平凡的工人劳动者，在全世界挺起了中国的脊梁，在中国史乃至世界史上书写了辉煌篇章——鞍钢“三大工程”、南京长江大桥、三峡工程、南水北调工程、青藏铁路、港珠澳大桥、北京大兴国际机场、高速铁路、特高压输电、国产航母、国产大飞机……一项项超级工程，改变了中国，惊艳了世界。

赵占魁、王进喜、时传祥、孔祥瑞、徐虎、郭明义……这些耳熟能详的名字昭告世人，一直以来，不管时代如何变迁，我国工人阶级始终站在时代前列。他们敢付出、有担当、勇奉献，值得我们敬佩、学习。

劳动百态

嫩林线铁路工人：用青春在盘古“开天地”

“我曾经跨过山和大海，也穿过人山人海……”某日上午，一阵歌声在黑龙江省大兴安岭嫩林线517千米处铁道线上回荡，加格达奇工务段盘古线路车间工作队刚刚完成春运期间的线路检修作业（见图7-8），在返回工区的路上，线路工小付和4名同事边走边唱。

图7-8　线路检修工作

大与小

25岁的小付来自哈尔滨，2019年大学毕业后，他和12名同学来到了盘古线路车间当铁路工人，前来接他们的工长姜某对他说：“盘古大，大到可以‘开天地’；盘古也小，小到在地图上都找不到。”盘古镇位于黑龙江省大兴安岭地区塔河县，这里最低气温达零下53.2℃，一年无霜期只有80多天。20世纪80年代，盘古作为大兴安岭重要木材出产地，人口曾经达到万人。“天保工程”实施后，大批林业工人举家搬离，如今的盘古只有不到800人。

盘古虽小，却责任重大。嫩林铁路是古莲河煤炭外运的重要通道，也是冬季沿线百姓上学、就医、采购生活物资的唯一通道。盘古线路车间就负责养护这里的69.1千米长的铁路线路。

冷与热

“要知铁路苦，就得去盘古。”盘古的极寒天气让这个偏居北方的小镇成为铁路工作艰苦的代名词。

刚报到时，小伙子们只带来了冲锋衣，雪地靴，单位配发的大棉裤和棉鞋被他们丢在一边。他们说：“丑，还厚，穿上后连蹲都蹲不下。”然而，在体验了一次室外作业后，小伙子们再也顾不得“形象”了。

冬季钢轨易发生冻害。然而，车间管辖的线路都在山林之中，其中西罗奇二号隧道距离车间近40千米，要先坐一个多小时的汽车，到了山岭，再走近40分钟才能到达。他们要带着400多斤的机具，再徒步走进隧道。在刺骨的寒风中一干就是6个小时，到了中午，几个人在雪地里生一堆火，吃着烤馒头，就算解决了午饭。

“虽然这里很冷，但我们心里是火热的。大伙一起保障铁路线路安全畅通，让沿线的老百姓过个安稳年，就是我们这份工作的意义。”小付说。

去与留

盘古的苦，让年轻人打起了退堂鼓，姜某给家里打电话诉苦，被小付无意间听到。

“在这里工作虽然苦，但也是一种难得的经历，‘宝剑锋从磨砺出，梅花香自苦寒来’，只要坚持就一定能有成果。这里的冰天雪地，就是我们的金山银山。等你成为工班长了，再给你妈妈打电话报喜，你妈妈会更高兴！”晚上例行的“卧谈会”，小付的话让姜某想通了。

想通了，工作就更加顺利。这批年轻人每天争着和师傅下现场，细心揣摩老师傅们整治钢轨水平和高低时的“土办法”。下班后，他们也把大部分时间用在理论学习上，技术业务水平提高很快。

来了两年多，年轻人原本白净的脸庞变得微红，皮肤也糙了，可是他们却觉得很骄傲，说：“这就是勋章，纪念我们在最冷的地方‘开天地’，这多酷啊。”

种与播

近两年，车间里退休的老职工越来越多，年轻人逐渐成为维修工队的主力。25岁的杨某因为技术业务过硬，在漠河线路车间担任维修工队班长；26岁的李某成长为塔河线路车间维修工队班长；26岁的小付在全段线路工技术比武中取得优异成绩，当选为维修工队第二任团支部书记。

曾经以苦闻名的盘古车间已然成为工务人才培养的“孵化站”，很多人要在这里扎根安家。

资料来源：中国日报网（有改动）

课堂活动

你对工人有哪些印象？结合你的经历，与同学讨论工人有哪些品质值得我们学习。

三、传统工艺

传统工艺是指具有历史传承或地域特色、与日常生活联系紧密、主要使用手工劳动方式的制作工艺及相关产品，是创造性的手工劳动和因材施艺的个性化制作，具有工业化生产不能替代的特性。

扫一扫

中国传统工艺——青花瓷

中国各族人民在长期社会生活实践中共同创造的传统工艺，蕴含着中华民族的文化观念、思想智慧和实践经验，是非物质文化遗产的重要组成部分。中国传统工艺涉及纺染织绣、编织扎制、雕刻塑造、家具建筑、金属加工、剪纸刻绘、陶瓷烧造、文房制作、漆器髹饰、印刷装裱、食品制作、中药炮制、器具制作等诸多门类，涵盖衣食住行，遍布各族各地。下面仅介绍其中几种传统工艺。

（一）陶瓷

陶瓷是由黏土及长石、石英等天然原料经混合、成型、干燥、高温烧制而成的耐水、耐火、坚硬的材料和制品的总称，包括陶器、瓷器、炻器、砖瓦等。中国是世界上最早使用陶器的国家之一，而中国瓷器因其具有极强的实用性和艺术性而备受世人推崇。

（二）玉雕

玉雕（见图 7-9）是中国最古老的雕刻品种之一，其品种很多，有器具、鸟兽、花卉等大件作品，也有别针、戒指、印章、饰物等小件作品。

玉雕是玉石经加工雕琢而成的精美工艺品。在制作过程中，工艺师需要根据不同玉料的天然颜色和自然形状，经过精心设计、反复琢磨，才能把玉石雕制成精美的工艺品。这些工艺品有的具有很高的观赏价值，有的具有很高的实用价值，或者是两者皆有。

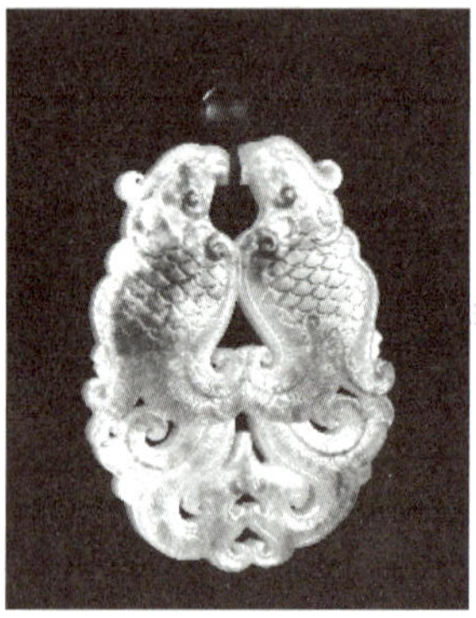

图 7-9　玉　雕

（三）木雕

木雕（见图 7-10）是指用木头雕刻成的工艺品，来自民间的传统工艺。木雕讲究刀法和风格，并强调利用木料本身的自然特点寻找其内在表现力，在表面色泽、纹理、结构等微妙的变化中相形度势，因材施艺。木雕一般体型不大，在艺术上有独特趣味。大型木雕通常是由木块粘拼制成的。

图 7-10　木　雕

（四）刺绣

刺绣（见图 7-11）是指在织物上以色丝和线绣出花纹图案或字形的中国传统工艺品。刺绣工艺在中国至少有两三千年的历史，是中国民间传统工艺之一。中国刺绣主要有苏绣、湘绣、蜀绣和粤绣四大门类。如今，用刺绣技艺制成的丝绸工艺品成了中国传统工艺的代表。

图 7-11 刺 绣

（五）景泰蓝

景泰蓝（见图 7-12）俗称“珐蓝”，是一种在铜质胎型上焊上各种用柔软扁铜丝掐成的花纹，然后把珐琅质的色釉填充在花纹内烧制而成的器物。因其在明朝景泰年间盛行，制造工艺精湛，运用的珐琅釉多以蓝色为主，故而得名“景泰蓝”。景泰蓝工艺精细复杂，纹饰繁缛饱满，线条细腻流畅，色彩晶莹华丽。

图 7-12 景泰蓝

劳动百态

大学生制作传统手工艺品

“将混合后的绿色黏土搓成长条固定在硬纸上，作为玫瑰花的茎……”一场别开生面的非物质文化遗产传统工艺面塑讲座在某大学举行，当地面塑艺术家通过视频的方式指导大学生制作面塑玫瑰花。

这是该校第十七届非物质文化遗产活动月系列活动中的一幕。该校第十七届非物质文化遗产活动月采用“线上+线下”的形式进行，十余种非物质文化遗产项目在1个月内陆续亮相。

线下活动中，木版年画专场（见图7-13）吸引了众多大学生。挑选喜欢的线版，用刷子均匀刷色，再用按压工具在纸张背面轻轻按压，大学生小刘拿着自己拓好的年画反复欣赏。作为一个“非物质文化遗产迷”，小刘不仅加入了该校龙狮协会，还经常参加各种非物质文化遗产体验活动。

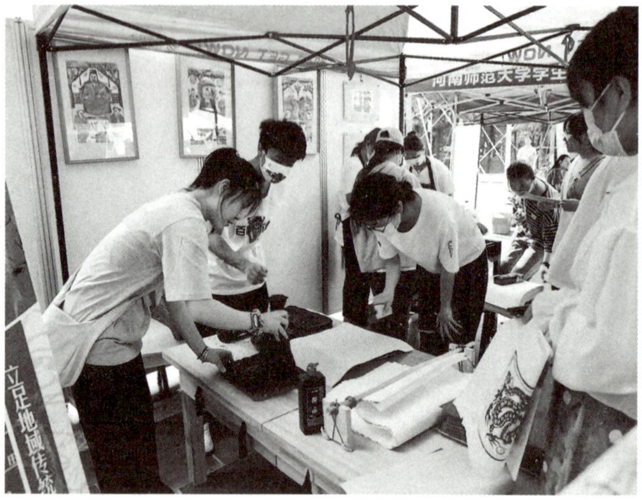

图7-13　木版年画专场

该校美术学院“木版工坊”负责人介绍：“我们将传统年画与现代元素结合起来，通过成立兴趣小组、开设选修课、打造文创产品等形式，让大学生感受传统手工艺品的魅力。”

当地非物质文化遗产保护工作专家委员会委员介绍，该校已连续17年开展非物质文化遗产进校园活动，每年都有许多大学生踊跃参与，大学生在制作传统手工艺品的过程中锻炼了实践能力，传承了中国传统文化。

资料来源：中国青年网（有改动）

躬身践行——“在传承中创新　感受技艺之美”
传统手工艺学习与制作活动

【劳动任务】

传统手工艺是中国文化的母体，是民族情感、个性特征和民族凝聚力的载体，是中华民族文化艺术的瑰宝。手工制作工艺是生产者的艺术，它出自民间，服务于民，将实用和审美融于一体，既具有物质属性，又具有精神属性。传承传统手工艺，在社会、经济、文化和政治等诸多方面都有着重要的意义。

根据自己的喜好，通过网络学习、拜访手艺人等方式，学习一种或多种传统技艺，亲身感受技能之美。班级举办传统手工艺品展览，每个人将自己制作的传统手工艺品进行展示，并配以解说词进行简短的解说。

【劳动准备】

（1）了解要学习的传统手工艺。

（2）具备一定的动手能力。

【劳动实施】

学习传统手工艺，制作传统手工艺品。将具体的实施情况记录在表 7-1 中。

表 7-1　实施情况

时间安排	实施步骤
	1. 选择的传统手工艺：
	2. 学习途径：
	3. 所学传统手工艺的历史背景、文化背景及操作要点：

（续表）

<table>
<tr><th>时间安排</th><th>实施步骤</th></tr>
<tr><td></td><td>4. 准备呈现的手工艺品名称：</td></tr>
<tr><td></td><td>5. 制作手工艺品所需材料：
<table>
<tr><td>（1）</td><td></td><td>（6）</td><td></td></tr>
<tr><td>（2）</td><td></td><td>（7）</td><td></td></tr>
<tr><td>（3）</td><td></td><td>（8）</td><td></td></tr>
<tr><td>（4）</td><td></td><td>（9）</td><td></td></tr>
<tr><td>（5）</td><td></td><td>（10）</td><td></td></tr>
</table></td></tr>
<tr><td></td><td>6. 手工艺品制作步骤：</td></tr>
<tr><td></td><td>7. 为自己所制作的手工艺品撰写介绍：</td></tr>
<tr><td></td><td>8. 班级组织传统手工艺品展览，并评选出优秀展品</td></tr>
</table>

【劳动评价】

教师可参考表7-2对各学生在“在传承中创新，感受技艺之美”传统手工艺学习与制作活动中的表现进行评价。

表 7-2　活动评价表

<table>
<tr><th rowspan="2">项目名称</th><th rowspan="2" colspan="2">评价内容</th><th rowspan="2">分值</th><th colspan="3">评价分数</th></tr>
<tr><th>自评</th><th>互评</th><th>师评</th></tr>
<tr><td rowspan="3">素养评价
30%</td><td colspan="2">对自己所学习的传统手工艺有深入的了解</td><td>10 分</td><td></td><td></td><td></td></tr>
<tr><td colspan="2">能自觉形成保护传统手工艺的决心</td><td>10 分</td><td></td><td></td><td></td></tr>
<tr><td colspan="2">愿意积极推广、发扬传统手工艺</td><td>10 分</td><td></td><td></td><td></td></tr>
<tr><td rowspan="3">技能评价
40%</td><td colspan="2">初步掌握所体验传统手工艺的基础技术</td><td>10 分</td><td></td><td></td><td></td></tr>
<tr><td colspan="2">能独立完成传统手工艺品的制作</td><td>10 分</td><td></td><td></td><td></td></tr>
<tr><td colspan="2">手工操作熟练、效率高</td><td>20 分</td><td></td><td></td><td></td></tr>
<tr><td rowspan="2">成果评价
30%</td><td colspan="2">所制作的传统手工艺品精美、有特色</td><td>15 分</td><td></td><td></td><td></td></tr>
<tr><td colspan="2">能清楚地介绍所制作传统手工艺品的历史背景、文化背景</td><td>15 分</td><td></td><td></td><td></td></tr>
<tr><td colspan="3">合计</td><td>100 分</td><td></td><td></td><td></td></tr>
<tr><td>总评</td><td>自评（20%）+互评（20%）+师评（60%）=</td><td>综合等级：</td><td colspan="4">教师（签名）：</td></tr>
</table>

【劳动总结】

第八章 知行合一，全面发展

社会实践是学校教育的延伸，是大学生走出校门、接触社会、了解国情、学以致用的重要机会，是大学生投身社会建设、向群众学习、锻炼才干的重要渠道，是大学生提升思想觉悟、增强服务社会意识、促进自身健康成长的有效途径。

大学生应当勇于投身社会实践，将自己的专业知识运用到实践中，在实践中学习、成长，实现知行合一，以促进自己的全面发展、成长成才。

学习目标

知识目标

★ 掌握实习实训的分类、意义和要求。

★ 熟悉假期兼职陷阱与兼职劳动关系。

★ 熟悉“三下乡”社会实践的形式与流程。

★ 掌握“三下乡”社会实践的评价原则与评价内容。

★ 熟悉“三下乡”社会实践安全须知。

素质目标

★ 能以积极的姿态面对社会实践活动，在活动中不断历练自己，做到有所学、有所感、有所悟。

★ 通过学习“三下乡”社会实践的相关内容，感悟“实践出真知”的道理。

实践目标

★ 能发挥专业优势，促进农民增收。

★ 发扬吃苦耐劳精神，做到细心、耐心。

思想导读

送医下乡　传递健康理念

这个夏天，又一批“三下乡”暑期社会实践学子来到基层一线，走向生活中的“大思政课”。在这些大学生团队中，奔赴我国少数民族地区开展社会实践的民族团结实践团，是一股特殊的青春力量。

“现在少数民族地区的交通、医疗条件得到极大改善，但是人们的健康观念仍需要转变，我们此行的目的一是引导村民养成良好的个人卫生习惯，二是宣传安全、合理用药的理念。”贵州医科大学的徐老师说。

2021年7月19日，徐老师带领贵州医科大学药学院民族团结实践服务队前往贵州贵安新区麻朗村和狗场村两个少数民族村寨开展社会实践活动，为当地的布依族和仡佬族村民宣讲医疗卫生知识，并送去家庭常备药。

团队在入户宣讲的过程中发现，有些老人生病不及时就医，甚至“乱投医”；还有一些人不按医嘱服药，存在随意增减药量、停药和混吃等现象。对此，团队里的医疗健康科普员对村民千叮万嘱：“有病一定要及时去正规医院，千万不能乱用药。”

团队还根据不同的需求给每家每户都配备了常用药，并为不识字的老人详细介绍了药的用法、用量。需求最“火爆”的常用药是一款外用膏药。徐老师说，当地老年人居多，或多或少存在关节痛问题，所以这种药物特别受欢迎。

团队成员小喻第一次参加“三下乡”社会实践，除了宣讲医疗知识，她还和队员参与了少数民族传统药物的发掘和保护工作。“天南星大多外用，内服须先用白矾水浸泡，再加生姜煮后切片晒干，可以祛风止痉、燥湿化痰、消肿散结……”队员们在跟随当地药农进山采药的过程中，发现了“新世界”。

“当时我发现了一株特别大的天南星，正在好奇呢，突然一个蜜蜂在我的眉尾蜇了一下。”这个意外让小喻记忆犹新，她说，“当时伤口很快变得红肿，整个人又痛又慌”。

好在一位药农迅速给出了“救命药方”——青蒿，队员们就地取材，将采来的青蒿用石子研磨成绿色汁水，涂在小喻的伤口四周，小喻的痛痒症状便很快缓解了。据药农介绍，青蒿具有清热解毒、截疟等功效。

“当时还有点不相信，用了之后效果确实蛮好的。”小喻对少数民族传统药物也有了新的认识。徐老师也感慨道：“同学们很受触动，因为这是真正的‘现学现用’。”他希望药学专业的学生能够去挖掘、保护少数民族地区的传统药物及其用法，承担起药学人的责任。

资料来源：中国青年报（有改动）

想一想

（1）社会实践是什么？包括哪些形式？什么形式的社会实践对大学生更有用？

（2）你参加过什么样的社会实践？社会实践的经历对你有何帮助？

第一节 实习实训

实习和实训均是指把学到的理论知识应用到实际工作中，以锻炼工作能力。实习侧重于综合职业练习，一般在校外进行，在实习过程中，学生可全面学习与职业有关的技能和规范。实训则侧重于单项或综合技能训练，既可以在校内进行，也可以在校外进行。

一、实习实训的分类

（一）实习的分类

根据不同的标准，实习可分为不同的类型。根据实习地点的不同，实习可分为实地实习和远程实习；根据组织形式的不同，实习可分为集体实习和分散实习；根据活动深入程度的不同，实习可分为认知实习和岗位实习。下面主要介绍认知实习和岗位实习。

（1）认知实习（见图 8-1）是指学生由学校组织，到实习单位参观、观摩和体验，以形成对实习单位和相关岗位的初步认知的活动。

图 8-1 认知实习

（2）岗位实习是指具备一定岗位工作实践能力的学生，在专业人员指导下，辅助他人或相对独立参与实际工作的活动。

（二）实训的分类

实训也可以根据不同的标准进行分类。根据实训地点的不同，实训可分为校内实训和校外实训；根据实训内容的不同，实训可分为通用技能实训和专项技能实训。

二、实习实训的意义

实习实训对大学生意义重大，主要体现在以下几个方面。

（一）提高大学生的职业素养

许多大学生对自己将来要从事的职业或岗位没有系统的认识，也谈不上树立正确的职业价值观。通过参加实习实训，大学生可以了解职业状况、强化就业意识，充分认识自身的水平和岗位需求之间的差距，找准自我定位，树立正确的就业观、择业观，进而培养爱岗敬业、奉献社会的职业道德素养。

（二）增强大学生的实践能力

“一说就会，一做就废”现象在大学生中较为常见。许多大学生在掌握一定的理论知识后，极少有机会实际运用，导致理论和实践严重脱节。在实习实训过程中，大学生可以亲自动手操作，在真实或仿真情境下反复锻炼技能，不断增强实践能力。

（三）丰富大学生的人生阅历

对于大部分大学生来说，步入社会的第一步就是找到一份工作。然而在求职的路上，很多大学生因为没有工作经验、缺乏社会阅历而与心仪的工作失之交臂。然而，工作经验和社会阅历是大学生在课堂上无法获得的。借助实习实训，大学生能够开拓视野、增长见识，接触更多的人，体验更多的事，丰富人生阅历，为成长成才打下基础，缩短毕业后适应社会的时间。

劳动百态

走出象牙塔，绽放生命花

实习对于每一个学生来说都是一次考验。在青海省西宁市某政府机关实习的小磊说：“我觉得在学校和在实习单位，应具备的责任心是不一样的。在学校，只要认真上课，完成作业就行了。但是在实习单位，必须要有很强的责任心。我已经实习一个月了，虽然每天的工作就是收发文件、写材料，但是就在这看似简单的工作中，我学到了很多东西。”

小李住在城市的西边，实习单位却在城市的东边。他每天不到 7:00 就要起床，简单洗漱一下就赶往实习单位，然后不停地写稿、改稿……“在学校社团时，我也写材料，自认为写得还不错，但是现在……”小李说，“没办法，在学校里学的都是理论，在实际工作中，还得从市场调研、数据整理等实操技能学起。”

许多学校在学生即将毕业之前，都会要求他们实习。但有些学生认为实习时间过早，自身的基础知识不扎实，且如果实习内容与所学专业不对口，可能还会影响专业知识的学习。但是来自青海师范大学的小田却说：“早起的鸟儿有虫吃。大二时，很多同学在寒暑假期间实习，他们说这样可以获得更多的工作经验。由此可见，还没毕业就开始实习其实并不早。”

通过一段时间的实习，小田学到了很多东西，特别是学会了怎样和同事相处。“我发现在大学学到的理论知识并不会全都在工作中得到运用，工作中更重要的是准确理解工作要求，掌握正确的工作流程，理论知识掌握的多少不是最重要的。即便是实习内容与所学专业不对口，也可以从实践中学到很多实用的技能。实践出真知，实践长才干，丰富的实践经验胜过一切。”小田说。

通过实习，学生能够获得工作经验、增强竞争优势。实习是学生从校园走向工作岗位的必经之路，有助于其顺利完成由学生到职场人士的转换。

资料来源：中国经济网（有改动）

三、实习实训的要求

大学生在实习实训初期、中期和结束时，都应做好相应的工作。

（一）实习实训初期

（1）熟悉环境，不做局外人。进入实习单位后，应尽快熟悉环境，了解实习单位的规章制度、人事结构，以及岗位配套的各种设施、工具的用法。

（2）熟悉专业词汇。对同事、老师提及的专业词汇，做到心中不留疑；如果不了解，应第一时间请教他人或查阅相关资料。

（3）多听、多想、多学。凡事多留心，少说多做，同时抓紧时间充实自己，对实习实训的内容和流程了然于胸。

（二）实习实训中期

（1）严于律己。用正式员工的标准要求自己，严格遵守实习单位的规章制度，及时汇报实习实训进度。

（2）勇于担当。遇到问题先自己想解决办法，再寻求帮助，保质保量、按时完成既定工作，积极主动承担新任务。

（3）笃行不忘笃学。学会回顾工作、总结经验、反思不足。认真思考实习实训的重点环节是什么，自己有哪些问题，如何改进，如何避免出错，如何更好地应对突发状况，等等。

（三）实习实训结束时

（1）开具实习说明。实习生应请实习单位出具一份实习说明，并签字盖章。实习说明中应写明实习岗位、岗位描述、实习过程中完成的任务、实习评价等。

（2）写好实习总结。及时做好总结，争取在以后的实习实训或工作中做得更好。

第二节　假期兼职

一、假期兼职陷阱

扫一扫

假期兼职谨防陷阱

寒暑假期间，许多大学生都会做兼职（如发传单，见图 8-2）。兼职是一种常见的社会实践形式，可以使大学生在锻炼自己、积累工作经验的同时挣一些生活费。但是，大学生在兼职时，应擦亮眼睛，谨防落入各种陷阱。

图 8-2　发传单

（一）传销陷阱

目前，不少传销组织打着“连锁销售”“特许经营”“直销”的幌子，或以“国家搞试点”“响应西部大开发号召”等名义诱骗大学生参与传销活动。在形式上，传销组织也由此前的发展“下线”改为“网上营销”方式，打着“电子商务”“网络直销”等旗号利用互联网进行传销，其形式更加多样，违法行为更加隐蔽。

因此，在选择兼职单位时，要注意以下方面：

（1）在找兼职单位时，要注意看对方是否有正规营业执照。

（2）结合面试官的描述分析用人单位的经营模式，判断其是否存在虚假宣传的情况。如果在面试过程中，用人单位对交友情况、家庭背景比对职业技能、实习经历更感兴趣，求职者要有所警惕。

（3）一旦用人单位要求缴纳入门费，或者要求以发展“下线”来获得报酬，求职者要提高警惕。

（4）很多传销人员都是以亲朋好友为首选欺诈对象的。如果突然收到长期没有联系的亲朋好友邀请你去异地工作的信息，求职者要提高警惕。

（二）培训陷阱

某些“骗子公司”在招聘时会以“先培训，拿证后上岗”为由，要求求职者缴纳培训费、考试费、证书费等各种费用，在经过一段时间的培训后，“骗子公司”便不知去向，或告知求职者未通过培训考核而无法上岗。

（三）“押金”陷阱

某些用人单位以方便管理为由，向求职者收取一定数额的押金或保证金，并承诺工作结束后退还。然而在工作结束后，求职者往往只能领到工资，押金或保证金却不见踪影。更有甚者，在求职者交过押金或保证金后，以岗位人员暂时已满为由，让求职者回去等消息，接下来便再也没有消息了。一些大学生在找兼职时既不了解相关规定，又求职心切，最终落入陷阱。

国家有关部门明文规定，用人单位不得以任何名义向求职者收取押金或保证金。当用人单位表示要收取押金或保证金时，应提高警惕。

（四）“黑中介”陷阱

某些“黑中介”抓住大学生缺乏社会经验且求职心切的心理，在向他们收取高额中介费后却不履行承诺，不及时为他们介绍合适的工作。“黑中介”的套路往往是不停地拖延，让大学生耐心等待兼职机会，最后不了了之。更有甚者，“打一枪换一个地方”，在骗取一定中介费后，就消失得无影无踪。

劳动小贴士

大学生找假期兼职时，最好咨询学校的劳动就业服务中心，或者请学校相关负责人员联系用人单位。如果必须自己寻找，也要找正规的企事业单位，或找正规的中介机构帮忙联系。

二、兼职劳动关系

在以往的司法实践中，对于劳动者的兼职行为，某些司法机关会认定劳动者与用人单位之间构成的是劳务关系而非劳动关系。这种做法导致部分劳动者在兼职时，无法享受社会保险、节假日、最低工资标准等应有的劳动保障待遇。《中华人民共和国劳动合同法》和《中华人民共和国劳动争议调解仲裁法》施行以后，若兼职者与用人单位签订了劳动合同，则可认为双方构成了劳动关系；若双方未签订劳动合同也未达成口头协议，则认为双方构成的是劳务关系。

学生在找兼职时，应仔细了解自己与用人单位之间的法律关系，学会保护自身的合法权益。对于双方的权利与义务，最好能通过书面合同的形式予以确认。

拓展阅读

实习生的劳动关系

一、实习生是否具备劳动主体资格

现行劳动法律法规并未将在校学生排除在劳动法适用范围之外。实习生与单位之间符合劳动关系成立条件的，可以成立劳动关系，不能一概以实习生不具备劳动主体资格为由否认劳动关系。

二、实习生与单位之间用工关系的法律性质

1．判断劳动关系的总体标准

实习生与用人单位之间是否成立劳动关系，需根据实习生类型，结合双方签订的协议内容及实际履行中的权利义务关系来审查。

2．勤工助学一般不成立劳动关系

在校学生的主要任务是完成学业，勤工助学只能在课余时间进行，不能与用人单位建立较为长期稳定的全日制劳动关系，也不可能与用人单位其他员工一样完全遵循用人单位诸如考勤管理、绩效考核、工作安排等管理制度。且《关于贯彻执行〈中华人民共和国劳动法〉若干问题的意见》（劳部发［1995］309号）第12条明确规定：“在校生利用业余时间勤工助学，不视为就业，未建立劳动关系，可以不签订劳动合同。”

但应当注意的是，相关文件对勤工助学的范围进行了限制，即勤工助学必须在学校的组织和安排下进行。学生自己联系，利用业余时间从事的工作，即所谓的“私自在校外打工行为”不在此规定之列。校外用人单位未经过学校同意审核聘用勤工助学学生的，可参照“非全日制用工”形式处理。

3．职业学校学生实习一般不成立劳动关系

教学实习是职业学校的在校学生学习知识和进行实践的一个重要途径，实习目的不是获取报酬，而在于获得专业知识和实践经验。在校学生与实习单位之间一般不成立劳动关系，但用人单位应当遵守《职业学校学生实习管理规定》的相关条款，保障实习人员的各项权利。

4. 以就业为目的的实习一般成立劳动关系

有些在校学生已完成了全部学习任务，有明确的求职就业愿望，实习期内接受单位的劳动管理，单位也会支付相应的报酬。在该情形下，双方的关系符合劳动关系的本质特征，因此即便未签订劳动合同，双方也成立事实劳动关系。

第三节　“三下乡”社会实践

“纸上得来终觉浅，绝知此事要躬行。”从书本上得来的知识终究是浅薄的，只有通过社会实践才能更了解社会，而“三下乡”社会实践活动给生活在象牙塔的大学生提供了广泛接触社会、了解社会的机会。

一、“三下乡”社会实践概述

1996年12月，《关于开展文化科技卫生“三下乡”活动的通知》印发。1997年，“三下乡”社会实践活动在全国正式开展。“三下乡”是指文化、科技、卫生下乡，“三下乡”社会实践活动是各大中专院校在暑期开展的一项旨在提高学生综合素质的社会实践活动，其主要内容是学生将城市的文化、科技和卫生知识带到发展相对落后的偏远地区，向当地人传授知识。

扫一扫

“三下乡”：青春携梦，我们在行动

文化下乡的内容主要包括图书、报刊下乡，戏剧下乡，电影、电视下乡，开展群众性文化活动；科技下乡的内容主要包括科技人员、科技信息下乡，开展科普活动；卫生下乡的内容主要包括医务人员下乡、扶持乡村卫生组织、培训农村卫生人员、参与和推动当地合作医疗事业发展。

开展“三下乡”社会实践活动既能促进先进生产力的发展，又能帮助和引导学生按先进生产力发展要求成长成才；既能传播先进文化，又能帮助和引导学生接受先进文化的哺育；既能维护人民群众的根本利益，又能助力学生全面发展。

二、“三下乡”社会实践的形式与流程

（一）“三下乡”社会实践的形式

“三下乡”社会实践活动涉及面广，内容丰富，形式多样。活动可以是单人形式，也可以是小组形式。一般而言，小组形式更有利于实践活动的开展，也更能促进实践活动取得成功。随着社会发展，“三下乡”社会实践活动的形式也应有所创新和发展，如充分利用互联网创新活动形式，结合社会热点设计活动，等等。

（二）“三下乡”社会实践的流程

“三下乡”社会实践的流程具体如下：

（1）确定活动主题。确定活动主题是顺利开展“三下乡”社会实践的前提。主题必须联系实际，切

忌空谈和夸大。

（2）拟定活动方案。确定主题后，必须根据主题拟定详细的活动方案。活动方案应包括活动形式、具体活动内容及各种注意事项，其优劣关系到整个活动能否顺利开展。

（3）提出申请。向学校提出书面申请，同时上交活动方案并领取“三下乡”社会实践活动相关申请表格。

（4）开展活动。根据活动方案，在教师的指导下开展活动，确保活动安全。

（5）撰写总结。活动结束后，成员需要就活动过程和结果，撰写并提交活动总结报告。总结报告的内容应包括对整个活动的基本描述、成员的自我评价和心得体会。

三、“三下乡”社会实践的评价原则与评价内容

（一）“三下乡”社会实践的评价原则

“三下乡”社会实践的评价原则如下：

（1）系统性原则。“三下乡”社会实践是一项涉及个人、学校和社会的系统性工程，因此，需要运用系统的观点对“三下乡”社会实践进行评价，全面考察与其相关的准备工作、开展过程、活动成果等。

（2）主体性原则。“三下乡”社会实践的主体是大学生，遵循主体性原则，就是要让大学生也参与评价，强化其主体意识。

（3）具体性原则。“三下乡”社会实践形式多样、内容丰富，其评价指标必须具体，以便评价者做出科学、客观的评价。

（二）“三下乡”社会实践的评价内容

“三下乡”社会实践的评价内容如下：

（1）活动主题评价。评价活动主题是否联系实际，是否体现了当代大学生应承担的使命。

（2）活动方案评价。评价活动方案是否具有可操作性，是否将各种注意事项考虑在内。

（3）态度和能力评价。评价大学生在开展活动的过程中态度是否积极，是否具备解决实际问题的能力。

（4）活动成果评价。评价活动是否产生了良好的影响，是否切实帮助了实践地的居民。

劳动百态

大学生“三下乡”，为烈士遗物“把脉问诊”

“真的太感谢你们了！满足了我的心愿，我跟父亲仅有的联系终于可以好好被保存起来，我也可以有一个寄托。”当看到修复好的烈士遗物时，陈忠根烈士的女儿激动地说。她表示，能将破损的文书修复成原来的样子，使得这些珍贵的遗物能够得到更长久的保存，她心里很欣慰。

2021 年 6 月 28 日至 8 月 10 日，宁波某高校“甬城文保”暑期社会实践团开展了“我为烈士修遗物”暑期社会实践活动。在 42 天的实践中，该团队的 8 名成员在 3 位老师的指导下，充分发挥了专业优势，在该校书画修复中心借助专业设备开展了此次修复工作，如图 8-3 所示。

图 8-3　团队成员在修复烈士遗物

“通过前期实地走访调研，我们发现很多老兵及烈士家属的相关证明、书信等存在一定程度的损坏。”队长王某说。在了解这些情况后，团队成员主动联系村社，实地走访了多位宁波籍抗美援朝烈士家属，询问他们是否有修复这些珍贵遗物的需求。

“时间一久，这烈士证就变得很软，很容易破。特别是那些折起来的地方，已经磨出了一个个小洞，边边角角也都磨没了。”林大茂烈士的女儿说，“实在是太破了，我想用胶带把它粘起来，但是我又不敢往上乱粘，怕越粘越破。”一张张沉甸甸的烈士证，一封封烈士遗留的信件，被一层又一层的信纸包裹着，尽管被精心保管，但历经几十载的岁月，还是开始泛黄且出现破损情况，这样的情况让不少烈士家属忧心不已。

“一刻也不敢怠慢，只希望自己能早日圆满完成烈士家属们的心愿。”团队成员蒋某说。他表示，在修复时，展开烈士证上破裂处的褶皱和小折角最需要耐心、细心。

令队长王某印象最为深刻的是，在修复过程中听到了许多遗物背后感人的故事。在拜访烈士家属的过程中，有位烈士家属表示，在她很小的时候父亲就离家去保卫祖国，而家中连一张父亲的照片都没有，她对父亲的记忆也越来越模糊。王某便与团队成员一起，更加努力、更加认真地去修复遗物，希望能给烈士家属带来些许宽慰。

“队员们都带着钦佩之情修复沉重而珍贵的烈士遗物，在修复过程中也感受到了这些信件、证书背后蕴含的革命精神。”王某说，“我感到非常自豪，这也将成为我不断学习的精神动力。”

资料来源：中国青年网（有改动）

四、“三下乡”社会实践安全须知

（一）实践中可能遇到的问题

大学生在“三下乡”社会实践中可能会遇到以下问题：

（1）对当地环境不适应而突发疾病，或者被蛇、虫咬伤。

（2）不慎被盗被抢，甚至遭受人身伤害。

（3）遭遇交通事故。

（4）因接近危险设施或前往危险地段遭受伤害。

（5）与社会不良人员发生纠纷。

（6）团队成员之间无法及时取得联系。

（7）遭遇火灾、踩踏等突发事件。

（二）实践中各种问题的防范措施

掌握以下防范措施，就能在“三下乡”社会实践活动中避免遇到上述各种问题：

（1）掌握基本的生理卫生常识和急救常识，随身携带常用应急药品，平时注意个人卫生。

（2）增强自卫意识，保持警惕心理；保管好个人贵重财物，遭遇偷窃、抢劫时，保持冷静，先确保自身的人身安全，然后及时报警；减少单独活动和夜间活动，尽量采取小组活动的形式，并及时向负责人报告活动行程。

（3）增强交通安全意识，遭遇交通事故后尽快将伤者送往医院，并注意保护现场。

（4）远离危险设施，避开危险地段。如果需要接触危险设施或在危险地段活动，必须有专业人士陪同，并穿戴安全防护用品。

（5）在公共场合注意言行举止，尽量避免与人争执，做到克制、忍让。若团队成员与社会不良人员发生争吵甚至产生肢体冲突，其他成员应及时制止并报警，防止事态恶化。

（6）如果发生火灾，团队成员应有序逃生，及时拨打火警电话；尽量不去拥挤的地方，在公共场所时注意保护自己。

课堂活动

“三下乡”社会实践活动中还可能遇到哪些问题？我们应如何防范和应对？

（三）实践注意事项

在“三下乡”社会实践活动中，应注意以下事项：

（1）出发前再次与实践地联系，确保食宿等安排妥当。

（2）出发前办理好在实践地活动所需的证明。

（3）出发前充分考虑可能出现的各种问题，学习各种问题的防范措施与应对技巧，熟悉当地习俗和地理情况等。

（4）团队成员应遵守纪律，听从负责人的指挥，负责人应与每名成员保持联系。

（5）团队成员应互相关心、互相帮助，遭遇突发事件时应沉着冷静，共同寻找解决办法。

躬身践行——“助力乡村振兴　促进农民增收”暑期社会实践活动

【劳动任务】

暑期“三下乡”社会实践活动是连接学校与社会之间的桥梁。大学生通过参与暑期“三下乡”社会实践活动，能丰富自己的知识和阅历，能切实感受到农民的不易与农村的变化，从而增强责任感和使命感，努力学习科学文化知识，为促进农村的发展而贡献自己的力量。

请与同学一起选择某个乡村，在暑假期间根据自己所学的专业为当地农民普及科学知识或提供技术支持，开展为期 10 天左右的“助力乡村振兴　促进农民增收”暑期社会实践活动，并撰写实践报告。

【劳动分组】

全班学生以 8～10 人为一组进行分组，各组选出组长并进行任务分工，将小组成员及分工情况填入表 8-1 中。

表 8-1　小组成员及分工情况

班级		组号		指导教师	
小组成员	姓名	学号	任务分工		
组长					
组员					

【劳动计划】

小组商议，制订出具体的工作计划，填入表 8-2 中。

表 8-2　工作计划

步骤	工作内容	时间安排	负责人
1			
2			
3			
4			
5			

【劳动准备】

（1）掌握一定的生活技能。

（2）做好吃苦耐劳的心理准备。

【劳动实施】

将“助力乡村振兴　促进农民增收”暑期社会实践活动的具体实施情况记录在表 8-3 中。

表 8-3　社会实践活动实施情况

实践地点：	参与人员：	
小组负责人：	实施时间：________年____月____日—________年____月____日	
日期	具体事项	完成情况

（续表）

日期	具体事项	完成情况

【劳动总结】

第九章 政策暖心，求学无忧

教育公平是社会公平的重要基础，党和国家高度重视学生资助工作，始终把坚持教育公益性和促进教育公平作为基本教育政策，切实保障全体人民特别是困难群体的受教育权。

对大学生来说，勤工助学是缓解家庭经济压力的有力手段，也是培养自立自强精神、提高动手能力的有效途径，对培养劳动观念和职业道德也有重要作用。

学习目标

知识目标

★ 了解高校资助政策体系。

★ 熟悉勤工助学的含义、时间安排和劳动报酬。

★ 熟悉勤工助学岗位选择和面试准备的相关知识。

★ 了解勤工助学的相关实例。

素质目标

★ 感受国家实施科教兴国战略和人才强国战略的决心，树立报国之志。

★ 培养脚踏实地、自立自强的意识，体悟劳动成果的来之不易，树立尊重劳动、尊重劳动者的思想。

实践目标

★ 深化对勤工助学的理解，了解本校的勤工助学政策。

★ 认识到勤工助学是提高学生综合素质和资助家庭经济困难学生的有效途径。

★ 能够开展有效的调查研究。

★ 掌握与人沟通的技巧。

思想导读

勤工助学中心成“创业家”摇篮

32 岁的谢某刚一出现在上海华东理工大学的校园内，就被勤工助学中心的“老朋友”们围了起来。应母校上海华东理工大学的邀请，一大群曾在勤工助学中心打过工的“寒门学子”聚在一起，为勤工助学中心庆祝20岁生日。

谢某是这群人中名气最大的一个。这个来自重庆贫困山村的年轻人，除了入学时的学费和生活费是由家里提供的，后来几年的学费和生活费全来自勤工助学的报酬和奖学金。如今，他创办的企业已经成为科技服务行业的领先者，并且成功上市。

上大学，是谢某第一次走出县城、第一次乘火车，入学第一天，他还穿着一件破了洞的T恤。最开始，在学校里“打工”，谢某也有些自卑，但在拿到收入时，他兴奋不已，越干越有劲，他还创办了学校的第一个电脑吧。本科四年，仅凭借勤工助学这一项，谢某就获得将近4万元的收入。

有一年暑假，华东理工大学有 217 名学生被勤工助学中心推荐去工作，所有人的收入都超过了4 000元，其中18人收入超过8 000元。

华东理工大学勤工助学实业集团总经理由学校指导老师担任，副总经理由学生担任。集团下辖有超市、物流中心、网吧、餐馆等多个子公司。

上海某集团投资经理商某，就曾负责学校物流中心、超市的工作。“怎么盈利，怎么控制成本，都是由我这个经理来决定的。”商某给物流中心设计了一周7天、三班倒的工作制度，此后，物流中心再没出现过“货送到一半，人就跑了”的事情，盈利增加了10%。

作为超市经理的商某不仅要负责进货，与供货商讨价还价，还要负责给超市7名员工制订工资标准、发放工资。商某记得，勤工助学超市最早是从一个濒临倒闭的私营业主处接手，接手第二个月就开始盈利，后来每月能给华东理工大学勤工助学实业集团贡献很多利润。

网吧是给勤工助学集团贡献利润最多的一个子公司。北京某网络技术有限公司总经理张某就是勤工助学集团网吧经理出身。这个信息管理专业的学生，通过在网吧做经理，爱上了“控制成本、增加收入”这件事儿，并在毕业后创办了自己的公司。“要控制电费、人员工资、电脑维护费、打印复印纸张费、机器损耗费，再根据成本制订按小时计费的收费标准，很有挑战性。”张某说。网吧经理的经历，在他心中埋下了一颗创业的种子。毕业两年后，他“忍不住”开始创业。

在勤工助学中心打过工的学生中，很多人都像谢某、张某一样在毕业后创业，成了董事长、总经理。华东理工大学提供的一份勤工助学中心校友联系表中，有将近40%的人在毕业后创业。华东理工大学党委书记说，华东理工大学的勤工助学除“助学”外，还着力在“育人”上发挥作用，并不仅仅是“给学校打个工”而已。

资料来源：中国青年报（有改动）

想一想

（1）你如何看待勤工助学？

（2）你认为勤工助学能够助力创业吗？

第一节 资助政策体系，助力圆梦

国家在高等教育本专科阶段建立起国家奖学金、国家励志奖学金、国家助学金、国家助学贷款等多种形式有机结合的高校学生资助政策体系（见图 9-1），确保家庭经济困难学生入学前、入学时和入学后“三不愁”。

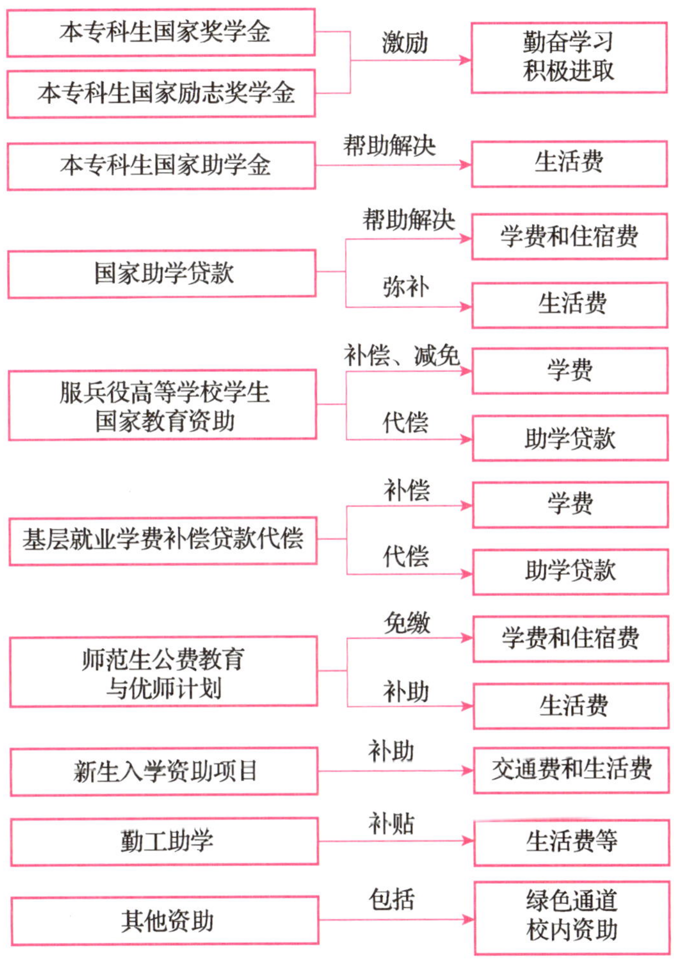

图 9-1　高校学生资助政策体系

一、本专科生国家奖学金

本专科生国家奖学金用于奖励纳入全国招生计划的特别优秀的全日制本专科（含高职、第二学士学位）在校生，全国每年共有 6 万个名额，奖励标准为每生每年 8 000 元。国家为获奖学生颁发统一印制的荣誉证书。

二、本专科生国家励志奖学金

本专科生国家励志奖学金用于奖励纳入全国招生计划的品学兼优的家庭经济困难全日制本专科

（含高职、第二学士学位）在校生，奖励标准为每生每年 5 000 元。

三、本专科生国家助学金

本专科生国家助学金用于资助纳入全国招生计划的家庭经济困难全日制本专科生（含预科、高职、第二学士学位学生，不含退役士兵学生），平均资助标准为每生每年 3 300 元，具体标准由高校在每生每年 2 000～4 500 元范围内自主确定，可以分为 2～3 档。

全日制在校退役士兵学生全部享受本专科生国家助学金，资助标准为每生每年 3 300 元。

四、国家助学贷款

扫一扫

"高校学生资助政策"指南

国家助学贷款是指政府主导，金融机构向高校家庭经济困难学生提供的信用贷款。该贷款优先用于支付学生在校期间的学费和住宿费，贷款超出部分可作为学生的生活费，贷款的标准为每生每年最高不超过 12 000 元，学生在校期间，贷款利息由国家承担。国家助学贷款期限为学制加 15 年，最长不超过 22 年。

国家助学贷款分为生源地信用助学贷款和校园地国家助学贷款，有贷款需求的学生可向户籍所在县（市、区）的学生资助管理部门咨询办理生源地信用助学贷款，或向所就读高校的学生资助管理部门咨询办理校园地国家助学贷款。借款学生同一学年内不能同时申请生源地信用助学贷款和校园地国家助学贷款。

五、服兵役高等学校学生国家教育资助

服兵役高等学校学生国家教育资助是指对应征入伍服义务兵役、被招收为士官、退役后复学或入学的高等学校学生实行学费补偿、国家助学贷款代偿和学费减免。

学费补偿或国家助学贷款代偿金额，按学生实际缴纳的学费或用于缴纳学费的国家助学贷款（包括本金及其全部偿还之前产生的利息）两者金额较高者执行；复学或新生入学后学费减免金额，按高等学校实际收取学费金额执行。学费补偿、国家助学贷款代偿和学费减免的标准为每生每年最高不超过 12 000 元，超出标准部分不予补偿、代偿或减免。

六、基层就业学费补偿贷款代偿

中央高校（即中央部委直属的高等院校）应届毕业生，自愿到中西部地区、艰苦边远地区和老工业基地县以下基层单位就业、服务期在 3 年及以上的，补偿学费或代偿用于学费的国家助学贷款，标准为每生每年不高于 12 000 元。地方高校毕业生学费补偿贷款代偿由各地参照中央政策制定执行。

七、师范生公费教育与优师计划

北京师范大学、华东师范大学、东北师范大学、华中师范大学、陕西师范大学和西南大学六所教育部直属师范大学的公费师范生，以及中西部欠发达地区优秀教师定向培养计划（简称"优师计划"）师范生，在校期间不用缴纳学费、住宿费，还可获得生活费补助。

有志从教并符合条件的非师范专业优秀学生，在入学两年内，可按规定转入公费师范专业，高校返

还学费、住宿费，补发生活费补助。

有意报考地方公费师范生，以及中西部省份地方师范院校招收的优师计划师范生的学生，可向相关院校进行具体咨询。

八、新生入学资助项目

中西部生源的家庭经济困难的新生可申请入学资助项目，解决入校报到的交通费和入学后短期生活费。学生可向当地县级教育部门咨询办理。

中西部地区包括：河北省、山西省、内蒙古自治区、吉林省、黑龙江省、安徽省、江西省、河南省、湖北省、湖南省、广西壮族自治区、海南省、重庆市、四川省、贵州省、云南省、西藏自治区、陕西省、甘肃省、宁夏回族自治区、青海省、新疆维吾尔自治区、新疆生产建设兵团。

九、勤工助学

大学生在学有余力的前提下，可以利用课余时间参加高校组织的勤工助学活动，通过劳动取得合法报酬，改善学习和生活条件等。

十、其他资助

（一）绿色通道

家庭经济特别困难的新生如果暂时无法筹齐学费和住宿费，可在开学报到时，通过高校开设的“绿色通道”先办理入学手续。入学后，由高校资助部门根据学生具体情况开展困难认定，采取不同措施给予资助。

（二）校内资助

学校通常会利用事业收入提取资金以及社会捐助资金，设立奖学金、助学金、困难补助、伙食补贴、校内无息借款、学费减免等校内资助项目。

拓展阅读

全国学生资助管理中心致高中毕业生的一封信

亲爱的同学：

你好！

刚刚复学的你肯定处在紧张忙碌的备考之中。为了让你安心冲刺、成就梦想，我们写信告诉你和家人：升学路上如遇经济困难，国家将助你实现求学梦想。

目前，我国已建立起完善的高校学生资助政策体系，设立了国家奖助学金、国家助学贷款、勤工助学、补偿代偿等多个资助项目，全方位保障每一个家庭经济困难新生顺利入学、完成学业。

如果你上大学的学费和住宿费没有着落，不用担心，国家助学贷款政策帮你解决问题。在你拿到大学录取通知书后，可以向当地的教育局资助中心申请生源地信用助学贷款，用来交学费和住宿费，上学期间的利息由国家替你付给银行。

如果你为在校期间的生活费担忧，不用担心，国家和学校设立了多个资助项目。国家励志奖学金用来奖励优秀的家庭经济困难学生，国家助学金用来补贴生活费，临时困难补助用来缓解突发性困难，勤工助学帮你一边赚生活费一边提高实践能力。

如果你还对能否顺利入学心有疑虑，那就再给你吃一颗“定心丸”。全国各高校都开通了新生入学“绿色通道”，家庭经济困难学生即使没有筹齐学费，也可以通过“绿色通道”办理入学手续。中西部地区家庭经济特别困难新生，入学前还可以向当地教育局资助中心申请新生入学资助项目，用于路费和短期生活费。

在这里，我们要提醒你，随大学录取通知书一起的，有一份家庭经济困难学生认定申请表，这张表不用盖章，但需要个人承诺并签字，希望你遵守诚信、如实填写。另外，开学前后往往是电信诈骗高发期，一些诈骗分子会冒充大学老师、资助机构工作人员等，给新生发短信、打电话、加微信或QQ好友，用各种手段骗取钱财。请你一定擦亮眼睛，提高警惕，抵住诱惑，避免上当。

如你还想详细了解资助政策，请关注全国学生资助管理中心官网和“中国学生资助”微信号。暑假期间，教育部和各地各高校会开通热线电话，号码及开通时间可登录全国学生资助管理中心网站查询。

希望你读完这封信后，与你的父母亲友分享，让他们也了解一下国家资助政策，帮助他们打消对你上大学经济方面的担忧。

最后，祝你取得优异的成绩，考入理想的学校！

全国学生资助管理中心
2020年6月11日
资料来源：教育部网站（有改动）

第二节　勤工助学，自力更生

一、勤工助学概述

（一）含义

扫一扫

勤工助学注意事项

勤工助学是指学生在学校的组织下利用课余时间，通过劳动取得合法报酬，用于改善学习和生活条件的实践活动。

勤工助学是学校学生资助工作的重要组成部分，是实现全程育人、全方位育人的有效平台。学校应坚持“立足校园、服务社会”的宗旨，遵循学有余力、自愿申请、信息公开、扶困优先、竞争上岗、遵纪守法的原则，在不影响正常教学秩序和学生正常学习的前提下有组织地开展勤工助学活动。

学生在学有余力的前提下，可向学校提出参加勤工助学的申请，接受必要的勤工助学岗前培训和安全教育，再由学校统一安排到校内或校外的岗位上进行勤工助学活动。学校不得安排学生参加有毒、有害和危险的生产作业以及超过学生身体承受能力、有碍学生身心健康的劳动。

（二）时间安排

学生参加勤工助学不应当影响学业，原则上每周不超过 8 小时，每月不超过 40 小时。寒暑假勤工助学时间可根据学校的具体情况适当延长。

课堂活动

分析自己的课余时间安排，判断自己是否适合参加勤工助学。

每周的总课余时间：________________

每周的课外学习时间：________________

每周的阅读时间：________________

其他必须安排的时间（结合自己的长期目标和短期目标计算）：

____

____

____

每周的剩余时间：________________

自己是否适合参加勤工助学：________________

（三）劳动报酬

学生参加校内固定岗位的勤工助学，其劳动报酬由学校按月计算。以每月 40 个工时的酬金原则上不低于当地政府或有关部门规定的最低工资标准或居民最低生活保障标准为计酬基准，可以适当上下浮动。

学生参加校内临时岗位的勤工助学，其劳动报酬由学校按小时计算。每小时的酬金可参照当地政府或有关部门规定的最低小时工资标准合理确定，原则上不低于 12 元人民币。

学生参加校外勤工助学的酬金标准不低于当地政府或有关部门规定的最低工资标准，具体数额由用人单位、学校与学生协商确定，并写入聘用协议。

课堂活动

小蒋：我在学校担任辅导员助理，这是学校里最普通的一种勤工助学方式。一般来说，一次勤工助学的时间为 3.5 小时左右，每小时的酬金为 12 元，主要工作是处理校内文件。一开始，我是想通过勤工助学提高自己的动手能力，顺便赚点生活费。后来，我发现虽然勤工助学的工资不多，但是能和老师、辅导员有更多的沟通机会，这也是勤工助学的另一种价值。

小王：我选择利用周六、周日在校外做推销员，一天最多能赚 300 元，但是做推销员的机会并不多。之所以当推销员，主要是因为自己平时开销比较大，希望能够多赚一些零花钱，同时也增加一些社会经验。

你倾向于哪种勤工助学方式？为什么？

二、勤工助学岗位选择

勤工助学岗位有校内勤工助学岗位和校外勤工助学岗位之分。

（1）校内勤工助学岗位设置。校内勤工助学岗位以校内教学助理、科研助理、行政管理助理和学校公共服务岗位等为主。勤工助学岗位分固定岗位和临时岗位。其中，固定岗位是指持续一个学期以上的长期性岗位和寒暑假期间的连续性岗位；临时岗位是指不具有长期性，通过一次或几次勤工助学活动即可完成任务的工作岗位。

（2）校外勤工助学岗位。校外勤工助学岗位包括餐厅服务员、超市促销员、生产线操作员等。校外用人单位聘用学生勤工助学，须向学校勤工助学管理服务组织提出申请，提供法人资格证书副本和相关的证明文件。经审核同意，学校勤工助学管理服务组织推荐符合工作要求的学生参加勤工助学活动。

学生可通过学校网站查询详细的岗位信息，根据自身情况申请合适的勤工助学岗位。图 9-2 是在图书馆勤工助学的学生。

图 9-2　在图书馆勤工助学的学生

三、勤工助学面试准备

任何面试都是面试官对求职者进行筛选的过程。面试官会根据求职者提供的信息，判断其是否适合当前的岗位。求职者无论面试何种岗位，都要注重沟通效率，在短时间内充分展示自己的特长、个性、优势、能力等，从而给面试官留下良好的印象。

面试时，面试官一般会提出以下问题，学生可据此充分做好面试准备工作：

（1）请简单描述你的基本情况。

（2）你有哪些工作经验？在工作中有何体验和收获？

（3）你认为从事此份工作应当具备哪些素质？

（4）请描述自己的个性，并说说自己的优点和缺点。

（5）你为什么认为自己适合这份工作？

四、勤工助学实例

案例一

周同学在计算机中心做勤工助学工作，她分享道："有一回一个留学生来咨询，他问我为什么他在寝室上不了网，怎样才可以上网，是不是需要路由器之类的。他是用英文讲的，而我英语不是很好，有的单词听不懂。在交流过程中，我让他重复讲了好几遍才弄明白他的意思，我当时就觉得太尴尬了，同时也意识到学好英语的重要性。"

周同学通过勤工助学工作，为其他同学解决了麻烦，同时认识到自己存在的不足，从而激发了更加刻苦学习以增长知识、开阔眼界的热情。

案例二

程同学在心理健康教育中心担任学生助理，她的工作内容主要是安排预约，作为咨询者和咨询师之间沟通的桥梁，尽量让咨询者满意。“刚开始因为不太了解工作，不知道怎么处理好专业的事情，但做了半年之后很多都熟悉了，自己也慢慢地开始享受其中。”她说。

另一位心理中心的助理也深有感触，她说：“我觉得我收获最大的就是通过自己的讲解，可以让同学们明白原本不清楚的东西，当他们表示‘明白了’‘懂了’的时候，我就觉得特别自豪。”

案例三

朱同学在传媒博物馆工作，他说：“在课余时间来这里工作，不仅能跟很和蔼的、知识很丰富的老师们学习，而且还能提高自己的行政办公能力，能让自己在虚心学习过程中变得越来越自信。”

此外，这些同学都表示通过自己的努力工作得到报酬是一件十分令人开心和满足的事。“自己挣钱是一种很奇妙的感觉，每天工作也很有积极性。一是觉得自己可以自食其力了，花自己的钱也很心安。二是体会到挣钱的不易，对父母辛苦挣钱供我们读书有很大的触动，因此在生活中会尽量克制自己，学会理性消费。”周同学说。

躬身践行——“勤工助学，你准备好了吗？”社会调查活动

【劳动任务】

勤工助学是高等学校学生资助政策体系的重要组成部分，是提升学生综合能力和素质的有效途径，是实现全程育人、全方位育人的有效平台。

对学校来说，开展勤工助学，能够着力培养家庭经济困难学生自立自强的精神，能将扶困与扶智、扶困与扶志结合起来，增强学生的社会实践能力，发挥勤工助学资助育人功效，实现无偿资助与有偿资助的有机融合，形成“解困—育人—成才—回馈”的良性循环。

而对学生来说，我们不仅需要在课堂上学习，而且需要将理论和实践相结合，在实践中成长。毕竟唯有脚踏实地，才能做到学以致用，发挥专业所长。

请调查本校学生对勤工助学的了解情况、参与勤工助学的情况及本校的勤工助学政策等，探明本校勤工助学的优势与需要改进的地方，并进一步提出合理建议。要求设计出调查问卷，撰写调查报告。

【劳动分组】

全班学生以3～5人为一组进行分组，各组选出组长并进行任务分工，将小组成员及分工情况填入表9-1中。

表9-1　小组成员及分工情况

班级		组号		指导教师	
小组成员	姓名	学号	任务分工		
组长					
组员					

【劳动准备】

（1）掌握调查研究的基本方法。
（2）学会设计调查问卷。
（3）具备一定的人际沟通能力。

【劳动计划】

小组商议，制订出具体的工作计划，填入表9-2中。

表 9-2 工作计划

步骤	工作内容	时间安排	负责人
1			
2			
3			
4			
5			

【劳动实施】

按照工作计划，开展“勤工助学，你准备好了吗？”社会调查活动。将具体的实施情况记录在表 9-3 中。

表 9-3 实施情况

时间安排	实施步骤
	1．小组讨论确定调查主题、调查方式与调查对象： （1）调查主题：__________ （2）调查方式：__________ （3）调查对象：__________
	2．围绕调查方向搜集资料
	3．初步设计调查问卷，进行小范围预调查
	4．根据预调查反馈结果，小组成员共同讨论、修改调查问卷，形成最终问卷
	5．将调查问卷打印出来后，在目标群体中分发、回收问卷并进行整理（为了提高被调查人员参与的积极性，可以在被调查人员填完问卷后赠送一些小礼品，购买小礼品的经费由班费支出）
	6．整理、分析调查问卷，形成分析结果
	7．撰写调查报告

【劳动评价】

教师可参考表 9-4 对各小组“勤工助学，你准备好了吗？”社会调查活动进行评价。

表 9-4 活动评价表

项目名称	评价内容	分值	评价分数		
			自评	互评	师评
素养评价 10%	小组分工合理，团结协作	5 分			
	工作认真细致，一丝不苟	5 分			
技能评价 50%	问卷问题设置切合调查主题，不涉及个人隐私；选项设置合理，有利于后期进行数据处理；版面设计合理、美观	20 分			
	问卷分发对象具有代表性，问卷回收率高	15 分			
	数据整理清晰、明确；数据分析结果准确、无误；能运用多种数据分析工具	15 分			

（续表）

项目名称	评价内容		分值	评价分数		
				自评	互评	师评
成果评价 40%	调查报告文字简洁、用词恰当		10 分			
	调查报告能清晰说明调查目的、调查对象和调查内容		10 分			
	调查报告能对调研过程的基本情况进行介绍，逻辑性强		10 分			
	调查报告能在对调查所获数据进行分析的基础上做出预测与评估，并提出合理建议		10 分			
合计			100 分			
总评	自评（20%）+互评（20%）+师评（60%）=	综合等级：	教师（签名）：			

【劳动总结】

第十章 志愿服务，回报社会

赠人玫瑰，手有余香。参与志愿服务既是“助人”，亦是“自助”；既能“乐人”，也能“乐己”；既是在帮助他人、服务群众、贡献社会，也是在传递爱心、传播文明，对于促进社会的进步与稳定具有重大意义。

作为大学生，应当积极主动参与志愿服务，用真心和爱心感染他人，让越来越多的人都参与到志愿服务中来，从而让社会变得更加美好。

学习目标

知识目标

★ 认识志愿服务的含义、特征和类型。

★ 认识志愿者的服务动机、三层境界及应有的素质。

★ 认识成为志愿者的基本条件、志愿者的权利与义务、志愿服务精神及志愿服务项目。

素质目标

★ 明白志愿服务的意义，增强责任感和使命感。

★ 积极投身志愿服务，为社会贡献自己的力量。

实践目标

★ 了解演讲的相关知识。

★ 学会撰写演讲稿。

★ 能通过声情并茂的演讲弘扬“奉献、友爱、互助、进步”的志愿服务精神。

思想导读

奉献是刻在中国人骨子里的精神

2021年7月，河南省多地遭遇强降雨，他奔赴新乡市抗洪救灾第一线，每天工作十几个小时，不喊苦、不喊累……这个暑假，对于21岁的大学生志愿者小刘来说，有着不一样的意义。他说："生在和平年代的我们，不用上战场拼刺刀，但仍可以为国家冲锋陷阵、奉献自我，这是刻在中国人骨子里的精神。"

小刘是河南省商丘市民权县人，河南工业职业技术学院测绘环保工程学院工程测量技术专业测量2002班班长。即将成为大二学生的他，在老师眼中是贴心帮手，在同学心中是学习榜样。他常说："加倍努力，才能实现梦想！"小刘刻苦学习知识，勤奋钻研技能，学习成绩一直名列年级前茅。因为技术过硬，小刘代表学校参加了第六届河南省高等学校大学生测绘技能大赛，获得了团体一等奖及多个单项二等奖。

获奖后，小刘本来打算利用暑假时间为全国高等学校大学生测绘技能大赛做准备，但是在得知河南省多地遭遇强降雨且受灾情况严重这一消息后，他立刻向指导老师申请去抗洪救灾第一线。他再三保证不会影响比赛进程，老师看到他的决心和勇气，最终同意他和其他志愿者一起奔赴抗洪救灾第一线。

这个暑假，小刘用行动为"00后"打上了"不畏艰险、勇往直前、无私奉献"的标签。他的班主任郭老师说："小刘是一名优秀的入党积极分子和学生干部，不仅在校期间表现优异，而且在抗洪期间作为志愿者积极主动投入地方的志愿服务活动。哪里有需要，哪里就有他。他的突出表现感染了很多人。"回想这两个月的志愿服务，小刘感慨道："没有国哪有家，没有家哪有我！我只是做了大学生应该做的事情。"

资料来源：中国青年网（有改动）

想一想

（1）你参加过志愿服务吗？未来是否有投身志愿服务的计划？

（2）你如何看待志愿者？你认为志愿者应具备哪些品质？

第一节　认识志愿服务

志愿服务不是单方面的施予，也不是只有拥有大量空闲时间并有一定物质基础的人才能参与的，而是每个人都可以参与的一种公益活动，我们要对参与志愿服务工作有一个全面而正确的认识。

一、志愿服务的含义

志愿服务（见图10-1）是指个人或非政府组织基于道义、良知、慈善和责任而自愿奉献时间和精力，不以物质报酬为条件，利用自身的知识、技能或财力，为社会及他人尤其是困难群体提供各种形式的公益性服务。它是一种由内在的精神动力所支持的活动，是每个人实现个人价值和社会价值的渠道之一。

扫一扫

争当志愿者　奉献新时代

图 10-1　志愿服务

二、志愿服务的特征

志愿服务具有自愿性、无偿性、公益性和组织性四个特征。

（一）自愿性

志愿服务必须是个人自愿参加的。相关组织可以通过各种方式动员志愿者，但应让志愿者在没有任何压力的情况下自愿投入志愿服务。

（二）无偿性

志愿服务属于无偿行为。志愿者不应向志愿服务对象收取或者变相收取报酬，也不得接受志愿服务对象的捐赠。但是，志愿者组织为志愿者提供交通补贴和午餐补贴等不影响志愿服务的无偿性。

（三）公益性

志愿服务必须指向公共利益。营利行为不属于志愿服务，偶发的帮助行为、基于亲缘或友谊的帮助行为、针对特定个人的帮助行为和互益互助的行为也不属于志愿服务。

（四）组织性

志愿服务体现的是一种人与人之间的社会关系，是在一定的公共空间和特定人群中进行的他助或互助活动，一般都以有组织的、公开的、社会化的形式开展。志愿服务的组织形式有社会团体、社会服务机构、基金会等。

三、志愿服务的类型

根据服务内容的不同，志愿服务可分为扶贫济困、助老助残、社区服务、生态建设、抢险救灾（见图 10-2）、社会管理、文化建设、西部开发、海外服务等。

图 10-2　抢险救灾

根据组织形式的不同，志愿服务可分为以下三类：

（1）以国家政策为导向的志愿服务，如大学生志愿服务西部计划、大学生志愿服务苏北计划等。这类志愿服务一般持续时间较长，往往要求志愿者具备特定的资格条件。

（2）由政府职能机构等组织的官方志愿服务，如亚运会、世博会、奥运会期间的志愿服务。这类志愿服务主要以赛事、会议等活动为载体，涉及面广，持续时间短，参与者多为临时招募。

（3）由民间组织开展的志愿服务，如一些公益协会开展的爱心助学活动、绿色环保活动等。这类志愿服务面向不同的群体，持续时间长短不一。

第二节　认识志愿者

志愿者又称义工、义务工作者，是指不图任何物质报酬，利用自己的时间、知识、技能、体力等，自愿为国家、社会和他人提供服务的人。

一、志愿者的服务动机

为什么要做志愿者？志愿者参与志愿服务活动的动机可以分为三类：

- 第一类是自我取向，即看重个人学习与成长，期望获得内在的满足感。
- 第二类是人际取向，即看重他人和团体的影响，期望结识朋友，获得他人的肯定。
- 第三类是价值取向，即主动承担社会责任，期望获得社会的认可。

课堂活动

有的大学生为了增加阅历去做一些大型会议和活动的志愿者，有的大学生为了提升自我去支教，也有大学生为了奖学金评定、出国机会等在网上购买志愿服务证明。

你如何评价上述行为？你身边的人参加过志愿服务活动吗？他们的动机是什么？你认为动机对服务效果有影响吗？为什么？

二、志愿者的三层境界

做志愿者要达到什么样的境界？一般来说，志愿者有三层境界：

✧ 第一层：帮助别人，快乐自己。在帮助别人后，看到别人获得快乐，自己也因此变得快乐。这是初为志愿者最深刻、最直接的感受。

✧ 第二层：关心他人，服务社会。不论身在何处，都会时刻关注身边需要帮助的人，为他们提供帮助，服务社会。

✧ 第三层：传递爱心，传播文明。关怀他人，将“爱心”和“文明”传递给更多的人，最终汇聚成一股强大的社会暖流。

课堂活动

小可：做志愿者真的是一件很有魅力的事情。因为我经常陪伴家里的老人，对老人有一种天然的亲近感，所以我很喜欢去养老院参加志愿服务活动。在与养老院的老人聊天时，尽管有时候很难理解一些老人说的方言，但我能感到踏实与快乐。

小令：有一天，我突然发现认识很久的朋友一直在宣传反诈骗知识，并为有需要的人提供法律援助。他是一位默默无闻的志愿者，当我问他为什么要做这些事时，他说：“能帮助他人，我觉得很有意义。”

你对做志愿者的期待：____

____

____

____

____

____

____

三、志愿者应有的素质

对于服务对象，要有爱心、有耐心、言而有信、善于聆听、尊重对方的隐私。

对于志愿工作，要善用时间、灵活多变、积极主动、有责任心、知难而进，认真履行服务承诺、尽职尽责完成工作。

对于志愿团体或机构，要服从上级安排、虚心听从组织意见、富有团队精神、诚实守信。

拓展阅读

志愿者标志与志愿者日

中国青年志愿者标志（俗称“心手标”，见图 10-3）的整体构图既是一颗心的造型（红色），又是英文单词“volunteer”的第一个字母“v”，而中间的白色图案既是手的造型，又是一只“鸽子”。该标志的寓意为中国志愿者向社会上所有需要帮助的人们奉献一片爱心，伸出友爱之手，表达了“爱心献社会，真情暖人心”和“团结互助、共创和谐”的主题。

每年3月5日是中国青年志愿者服务日，12月5日是国际志愿者日。

图 10-3　中国青年志愿者标志

课堂活动

有人认为，做志愿服务很简单，准点上岗、态度好就可以了。你认同这种观点吗？请与同学进行讨论，分享你的看法。

第三节　参与志愿服务

一、成为志愿者的基本条件

2013年11月，共青团中央、中国青年志愿者协会颁布了新修订的《中国注册志愿者管理办法》。其中，对注册志愿者的基本条件做了如下规定：

（1）年满十八周岁或十六至十八周岁以自己劳动收入为主要生活来源者；十四至十八周岁者，须经其法定代理人同意；未满十八周岁的在校学生申请注册的，按所在学校有关规定办理。

（2）具备参加志愿服务相应的基本能力和身体素质。

（3）遵守国家法律法规和注册机构的相关规定。

（4）在网上注册成为志愿者。

此处的注册机构是指市（地、州、盟）、县（市、区、旗）、乡（镇、街道）以及大中专院校团组织及其授权的志愿者组织。

二、志愿者的权利与义务

（一）志愿者的权利

（1）参加志愿服务活动。

（2）接受相关的志愿服务培训，获得志愿服务活动真实、必要的信息。

（3）获得从事志愿服务的必需条件和必要保障。

（4）优先获得志愿者组织和其他志愿者提供的服务。

（5）对志愿服务工作提出意见和建议。

（6）相关法律、法规、政策所赋予的权利。

（7）可申请取消注册志愿者身份。

（二）志愿者的义务

（1）遵守国家法律法规及团组织、志愿者组织的相关规定。

（2）每名注册志愿者根据个人意愿至少选择参加一个志愿服务项目或活动，每年参加志愿服务时间累计不少于 20 小时。

（3）履行志愿服务承诺，完成志愿服务任务，传播志愿服务理念。

（4）自觉维护团组织、志愿者组织和志愿者的形象。

（5）在志愿者职责范围内，自觉维护服务对象的合法权益。

（6）自觉抵制任何以志愿者身份从事的赢利活动或其他违背社会公德的活动（行为）。

（7）依法应当承担的其他义务。

拓展阅读

中国志愿服务网

中国志愿服务网（见图 10-4）是面向广大社会公众和各行业志愿服务管理部门的社会化服务平台。利用该网站，社会公众可以注册成为志愿者参与志愿服务；成为志愿者后，可以加入自己感兴趣的志愿队伍，参加自己感兴趣的志愿服务项目，记录、转移、接续自己的志愿服务时间；志愿队伍可以按照规范的流程发布志愿服务项目，招募志愿者，开展志愿服务，从而实现供需有效对接；志愿服务管理部门可以实时或定时收集全国各行业、各区域的志愿服务数据，全面了解志愿服务情况，开展数据分析与决策。

图 10-4 中国志愿服务网

三、志愿服务精神

志愿服务有着重要的价值，对个人与社会的发展起到了非常大的促进作用，志愿服务精神概括起来就是奉献、友爱、互助、进步。

（一）奉献

奉献即不求回报地付出。奉献精神是志愿服务精神的精髓。志愿者在不计报酬、不求名利、不要特权的情况下参与推动人类发展、促进社会进步的活动，体现了高尚的奉献精神。正是因为雷锋践行了奉献精神，他的故事永远为后人传颂。

（二）友爱

友爱提倡志愿者尊重他人、欣赏他人、与人为善。志愿者的爱跨越了国界、职业差异和贫富差距，是平等之爱，它让社会充满温暖。

（三）互助

互助提倡互相帮助、助人自助。志愿者凭借自己的双手、头脑、爱心开展各种志愿服务活动，帮助那些面临困难或处于危机中的人们。同时，志愿者以互助精神唤醒了许多人的仁爱和慈善之心。在志愿服务过程中，服务对象得到了帮助，志愿者的内心得到了满足，能力得到了提升，这种双向的互助使得社会愈加和谐稳定。

（四）进步

志愿者通过参与志愿服务，使自己的能力得到提高，同时促进社会进步。在志愿服务活动中，无处不体现着进步精神。正是这一精神，促使人们不求回报，甘心付出。

拓展阅读

将志愿服务精神熔铸于青春生命

“对人来说，最大的欢乐、最大的幸福是将自己的精神力量奉献给他人。”哪里有需要，哪里就有青年志愿者的身影。青年志愿者通过各种志愿服务形式表达着对社会大家庭的爱，他们如同春天盛开的花朵，为社会带来持久的芳香。在奉献、友爱、互助、进步的志愿服务精神的感召下，青年志愿者群体在不断扩大。

志愿服务精神何以有如此“魔力”？这在于，志愿服务精神实现了中华民族传统美德和时代精神的有机融合，是对雷锋精神的传承。这在于，弘扬志愿服务精神实现了彰显社会责任感和增强个人获得感的有机统一，越来越多的青年将弘扬志愿服务精神作为自己的时尚“标配”和青春特质。

参与志愿服务的青年能深切地体会到：志愿服务如同“银行”，投入的精力越多、投入的时间越长，回报率就越高，精神“红利”也就越丰厚，而“银行”中所储存的最为宝贵的财富是内化于心、融入血脉的志愿服务精神。在志愿服务精神的激励下，青年志愿者可以点亮青春的“指明灯”、提升青春的“能力值”、练就青春的“宽肩膀”。

“我只想拥有一缕春风，你却给了我整个春天。”志愿服务精神就是可以让我们拥有“整个春天”的那抹亮丽色彩。这就是志愿服务精神的“倍数效应”。将志愿服务当作一种生活方式、生活习惯，将志愿服务精神当作一种工作态度、价值追求，将平凡的事情做成不平凡的事业，就能深切感受到生活的幸福感、事业的成就感和价值的认同感，就能创造精彩的人生。

将志愿服务当作我们的青春伴侣，要保持一以贯之的真情，带着一分纯真、一分纯粹投身志愿服务；要保持一以贯之的激情，努力做到“待志愿服务如初恋”；要保持一以贯之的痴情，不管遇到什么样的艰难险阻，都始终做到不离不弃。

资料来源：中国青年网（有改动）

四、志愿服务项目

（一）社区志愿服务

社区志愿服务是指志愿者为满足社区居民物质生活与精神生活需要而进行的社会性福利服务活动。社区志愿服务的内容可以概括为“三个面向”：① 面向社区老年人、残障人士、孤儿、妇女、社区贫困户、优抚对象的社会救助、社会福利服务；② 面向社区居民的便民利民服务；③ 面向下岗职工的再就业服务和社会保障社会化服务。

（二）大学生志愿服务西部计划

2003 年，共青团中央、教育部、财政部、人力资源和社会保障部根据国务院常务会议和全国高校毕业生就业工作会议精神，联合实施大学生志愿服务西部计划（以下简称“西部计划”），招募一定数量的普通高等学校应届毕业生或在读研究生，到西部基层开展为期 1～3 年的志愿服务工作，鼓励志愿者服务期满后扎根当地就业创业。

西部计划按照服务内容分为基础教育、服务三农、医疗卫生、基层青年工作、基层社会管理、服务新疆、服务西藏 7 个专项。

西部计划是国家重大人才工程“高校毕业生基层培养计划”的子项目，是引导和鼓励高校毕业生到基层工作的 5 个专项之一。

西部计划作为实践育人工程，引导具有理想主义情怀的青年人，通过西部基层实践进一步坚定理想信念，锤炼意志品格，升华志愿情怀；作为就业促进工程，引导和帮助高校毕业生树立正确的就业观，并为他们搭建到西部去、到基层去、到祖国和人民最需要的地方去做事创业的通道和平台；作为人才流动工程，鼓励和引导东、中部大学生到西部基层工作生活，促进优秀人才的区域流动；作为助力扶贫工程，以西部计划志愿者为载体推动校地共建，引导高校资源参与到当地的脱贫攻坚工作中。

西部计划一般于每年的 4—5 月份开始报名，有意向的大学生届时可以登录大学生志愿服务西部计划网站（见图 10-5）报名。

图 10-5　大学生志愿服务西部计划网站

（三）大型赛会志愿服务

由共青团动员、组织青年志愿者服务大型赛会，已经成为我国各类大型赛会的通行做法。在北京奥运会、上海世博会、广州亚运会、南京青奥会、G20 杭州峰会、庆祝中华人民共和国成立 70 周年活动、北京冬奥会等重大赛会和活动中，数以百万计的青年志愿者热情参与、真情奉献。他们不仅提供了细致周到的服务，保障了赛会活动的顺利举办，还积极传播了中华文化，用青春的激情打造了最美的“中国名片”。

（四）应急救援志愿服务

应急救援志愿服务一般是指针对突发性的、具有破坏力的紧急事件而提供的志愿服务。在汶川地震、玉树地震、舟曲泥石流、芦山地震等自然灾害面前，青年志愿者不畏艰险、冲锋在前。

（五）共青团关爱农民工子女志愿服务行动

共青团关爱农民工子女志愿服务行动于 2010 年开始实施。该项目引导广大青年志愿者在城市社区和农村乡镇，广泛开展学业辅导、亲情陪伴、素质拓展、自护教育、思想引领、心理辅导等方面的志愿服务，为农民工子女提供切实有效的帮助。

（六）中国青年志愿者助残“阳光行动”

中国青年志愿者助残“阳光行动”于 2014 年开始实施。该项目以“心手相牵，共享阳光”为主题，引导青年志愿者以残障青少年为主要服务对象，重点围绕日常照料、就业支持、支教助学、文体活动、爱心捐赠 5 个方面，长期结对开展助残志愿服务活动。

（七）中国青年志愿者服务春运“暖冬行动”

中国青年志愿者服务春运“暖冬行动”于 2015 年开始实施。该项目以“青春志愿行　温暖回家路”为主题，引导青年志愿者在春运期间，围绕引导咨询、重点帮扶、应急救援等内容，在火车站、汽车站、机场、码头、高速公路服务区等旅客集中的场所开展志愿服务活动（见图 10-6）。

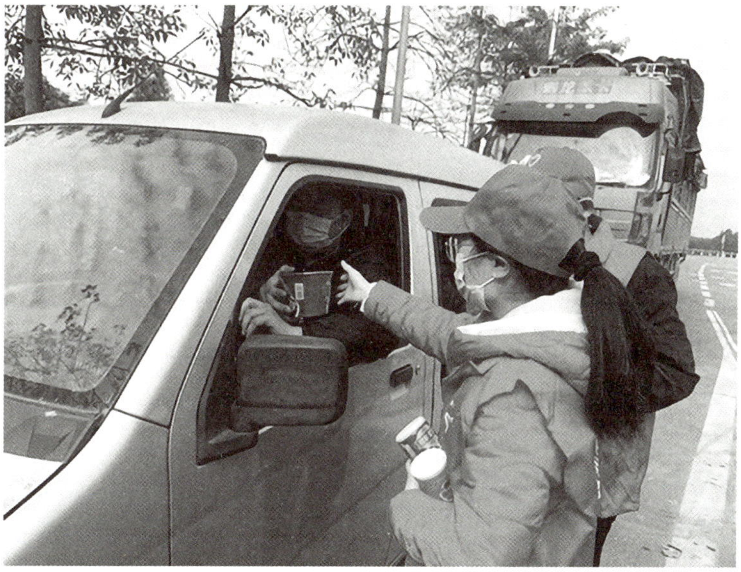

图 10-6 青年志愿者在高速公路服务区开展志愿服务活动

（八）中国青年志愿者海外服务计划

中国青年志愿者海外服务计划于 2002 年开始实施，通过公开招募、自愿报名、集中选拔的方式，选派中国青年志愿者到国外开展为期半年至 2 年的汉语教育、体育、医疗卫生、信息技术、农业技术等领域的志愿服务工作。

躬身践行——“国际志愿者日　服务你我同行”演讲比赛

【劳动任务】

联合国大会于 1985 年通过决议，决定从 1986 年起，将每年的 12 月 5 日设为国际志愿者日，以强调志愿者的重要作用，并鼓励更多的人以志愿者的身份开展活动，促进社会发展。

以“国际志愿者日　服务你我同行”为主题，结合具体的志愿服务行动，策划一次演讲比赛，弘扬“奉献、友爱、互助、进步”的志愿服务精神，引导和鼓励周围的人积极参与志愿服务。

【劳动分组】

全班学生以 1～3 人为一组进行分组，各组选出组长并进行任务分工，将小组成员及分工情况填入表 10-1 中。

表 10-1　小组成员及分工情况

班级		组号		指导教师	
小组成员	姓名	学号	任务分工		
组长					
组员					

【劳动准备】

（1）熟悉演讲稿的写作方法。

（2）具有一定的信息检索能力。

【劳动计划】

小组商议，制订出具体的工作计划，填入表 10-2 中。

表 10-2　工作计划

步骤	工作内容	时间安排	负责人
1			
2			
3			
4			
5			

【劳动实施】

按照工作计划，开展“国际志愿者日　服务你我同行”演讲比赛活动。将具体的实施情况记录在表 10-3 中。

表 10-3　实施情况

时间安排	实施步骤
	1. 利用互联网或图书馆，检索、搜集志愿服务的相关资料（图片、文字、视频等）
	2. 整理搜集的资料，撰写演讲稿
	3. 演讲稿完成后，小组成员共同审读并提出修改意见。经商讨及修改后，形成最终演讲稿
	4. 练习演讲 （练习过程可用手机录像，演讲者应在练习结束后反复观看，以总结经验、改进不足，逐步提升演讲技巧。也可让小组中的其他成员或其他小组的成员当听众，请他们指出演讲中的不足之处，以帮助自己有针对性地改进）
	5. 参加班级演讲比赛

【劳动评价】

教师可参考表 10-4 对各小组“国际志愿者日　服务你我同行”演讲比赛活动进行评价。

表 10-4　“12 • 5 国际志愿者日”演讲比赛活动评价表

<table>
<tr><th rowspan="2">项目名称</th><th rowspan="2" colspan="2">评价内容</th><th rowspan="2">分值</th><th colspan="3">评价分数</th></tr>
<tr><th>自评</th><th>互评</th><th>师评</th></tr>
<tr><td rowspan="2">素养评价
20%</td><td colspan="2">积极参与活动</td><td>10 分</td><td></td><td></td><td></td></tr>
<tr><td colspan="2">活动过程认真、细致</td><td>10 分</td><td></td><td></td><td></td></tr>
<tr><td rowspan="3">技能评价
40%</td><td colspan="2">资料搜集途径多样化，搜集的材料真实、全面</td><td>15 分</td><td></td><td></td><td></td></tr>
<tr><td colspan="2">演讲稿事、情、理交融，逻辑严谨，说服力强</td><td>15 分</td><td></td><td></td><td></td></tr>
<tr><td colspan="2">演讲稿所举事迹感人、生动，能体现志愿服务精神</td><td>10 分</td><td></td><td></td><td></td></tr>
<tr><td rowspan="4">成果评价
40%</td><td colspan="2">演讲熟练，吐字清晰，表达流畅</td><td>10 分</td><td></td><td></td><td></td></tr>
<tr><td colspan="2">精神饱满，能较好地运用手势、表情等表达对演讲稿的理解</td><td>10 分</td><td></td><td></td><td></td></tr>
<tr><td colspan="2">着装整齐，举止大方得体</td><td>10 分</td><td></td><td></td><td></td></tr>
<tr><td colspan="2">演讲具有鼓舞性、激励性、说服力、感染力</td><td>10 分</td><td></td><td></td><td></td></tr>
<tr><td colspan="3">合计</td><td>100 分</td><td></td><td></td><td></td></tr>
<tr><td>总评</td><td>自评（20%）+互评（20%）+师评（60%）=</td><td>综合等级：</td><td colspan="4">教师（签名）：</td></tr>
</table>

【劳动总结】

第十一章 坚持创新，积极创业

党的二十大报告提出，要“完善科技创新体系”“加快实施创新驱动发展战略”。创新是人的一种创造性实践活动，强调劳动的开拓性与原创性，而创业是一种劳动方式。创新是创业的基础和前提，创业是创新的体现和延伸。

大学生是最具创新和创业潜力的群体之一，是新时代的生力军，更是促进国家发展的后备力量。因此，大学生要了解创新和创业的相关知识，以便为将来进行创新和创业打下坚实的基础，为实现中华民族伟大复兴贡献青春力量。

学习目标

知识目标

★ 了解创新精神的内涵、要求、重要性和培养途径。

★ 了解创业精神的本质、特征和培养途径。

★ 理解在劳动教育中融入创新和创业教育的意义。

素质目标

★ 不断解放思想，强化创新意识，提高创新能力。

★ 在创新和创业活动中体验劳动成果的来之不易，体悟“艰难困苦，玉汝于成”的深刻哲理，感受劳动带来的成就感。

技能目标

★ 具备创新精神。

★ 能够选择合适的采访方法。

★ 掌握视频、音频的剪辑方法和PPT的制作方法。

思想导读

勇拓创业之路，铸就美好人生

大学生如何基于专业开展创业活动？投资者更看重哪种创业方式？

知名教育专家认为，大学生创业的最大优势就是专业，基于专业进行创业已变成一种新的趋势。之前的创业模式强调高流量、低成本，为了获取更多的流量，创业者通常利用免费、补贴等手段快速占领市场，但这种创业模式的最大问题就是可复制性强。那怎样才能降低这种可复制性呢？其实就是提高创业项目的技术含量。大学生恰恰拥有在专业领域进行深耕的基础。

南京科技职业学院的学生小朱有过一次失败的创业经历。那次创业的项目是搭建互联网创业服务平台，致力于解决创业者在创业过程中遇到的问题，包括 PPT 定制、计划书撰写、资金申报、公司注册等方面的问题。但是由于同类型公司太多，他的项目没有核心竞争力，很快就“流产”了。

不久后，小朱利用自己学习的数控技术专业知识，与机电一体化技术专业的同学一起合作，再度创业。小朱说：“我和我的合伙人都喜欢骑行，经常会遇到无法确定队友位置、骑行时无法转头确定后方交通情况等问题。发现这些问题后，我们两个机械专业出身的人就开发了智能背包和智能骑行把立（自行车两个把手之间的零部件）。”

小朱坦言，之前搭建互联网创业服务平台失败的原因就是不了解互联网平台，定位不准确。基于专业的创业不仅对别人来说存在技术壁垒，而且能让我们对市场的把控更精准，对问题的分析也更准确。在发展过程中出现任何问题，我们都可以通过向老师请教和查找专业资料予以解决，投资者也更认可这种创业方式。

“时代在变，方法在变，思维在变，模式在变。”在温州大学创业人才培养学院常务副院长看来，创业如在激流中游泳，不进则退，创业者必须通过不断地学习去提升能力。

资料来源：中国青年网（有改动）

想一想

（1）你参与过创业活动吗？

（2）你认为创业成功需要具备哪些条件？

第一节　培养创新精神

勇于创新是当代中国最鲜明的特征。中国共产党在领导中国人民实现从站起来、富起来到强起来的历史性飞跃中，充分发扬了创新精神，取得了万众瞩目的成就。“惟创新者进，惟创新者强，惟创新者胜。”只有敢于创新、勇于变革，不断学习新知识、新理论，不断研究新热点、新领域，才能在实践中不断摸索出新思路、新办法，进而走在时代的前面。

一、创新精神的内涵

创新是指试图改变现状以创造新的事物、方法、元素、路径、环境等的实践活动，其本质是求新、求变、求突破。创新精神是指能够综合运用已有的知识、技能和方法提出新方法、新观点的思维能力，以及进行发明创造、改革、革新的意志、信心、勇气和智慧。

一个具有创新精神的人，必定对自己的事业有浓厚的兴趣，有远大的理想，并且有勇于探索、敢于冒险的开拓进取精神，有锲而不舍、百折不挠的顽强毅力，同时对实现创新目标充满自信。

（一）浓厚的兴趣和远大的理想

浓厚的兴趣是劳动者事业成功的重要动力。古往今来，凡有成就者，无不对自己的事业拥有浓厚的兴趣，无不废寝忘食、夜以继日、乐此不疲。王羲之以墨为食，爱因斯坦忘记自己家门的位置，陈景润走路撞树……都是因为他们对事业有深厚的兴趣，在工作中做到了全身心投入。

远大的理想是劳动者事业成功的强大动力。周恩来在上中学时就立志“为中华之崛起而读书”，马克思在17岁时就拥有了“为人类幸福而工作”的远大理想。大学毕业时，年轻的黄大年在同学的毕业纪念册上郑重地写下“振兴中华，乃我辈之责”，回国后，这位科学家像陀螺一样不知疲倦地旋转，带领团队突破国外高精度探测装备技术封锁，推动中国真正进入“深地时代”。

（二）勇于探索、敢于冒险的开拓进取精神

创新是风险性极高的开创性实践活动，没有经验可循，创新的成果具有不确定性。世界上任何重大科技成果的出现，无不经历了多次失败，无不需要劳动者在漫长的岁月中不断钻研，甚至花费巨资。“两弹一星”元勋程开甲曾穿着简单的防护服，冒着地下核爆炸的强辐射危险，拿着手电筒，爬进最危险的爆心，进行实地考察，取得了第一手重要资料。只有具备勇于探索、敢于冒险的开拓进取精神，劳动者才能取得突破性进展；因循守旧，裹足不前，必将错失良机。

（三）锲而不舍、百折不挠的顽强毅力

创新活动是一项艰苦卓绝的高强度脑力劳动，劳动者如果没有锲而不舍、百折不挠的顽强毅力，是很难取得成功的。革命导师马克思花费了数十年时间才创作出《资本论》；居里夫人用了数年时间才从数吨沥青铀矿矿渣中提炼出镭；著名发明家爱迪生在改进灯泡的过程中，试验了几千种材料，才制造出了毛竹丝灯，使灯的照明时间延长至 1 200 小时；屠呦呦带领团队数十年如一日地进行了无数次实验，在一次次失败后不断改进提取方法，最终发现了青蒿素。

（四）对创新目标的实现充满自信

劳动者对创新目标的实现充满自信，这是他们获得成功的前提。劳动者如果缺乏自信，即使天赋再高，也难以取得丰硕的创新成果。爱因斯坦曾说，自信是迈向成功的第一步。面对别人的质疑，爱因斯坦始终相信自己的理论是正确的，坚持研究，终于使相对论成为20世纪的伟大理论。

创新是实现中国梦的重要保障。如果没有强大的科技支撑，“两个翻番”“第一个百年”的奋斗目标就难以顺利实现，中国梦这篇“大文章”就难以顺利写下去，中国也难以从大国走向强国。非学无以广才，非志无以成学。学生应当以祖国的复兴为己任、以民族的梦想为目标，致力于科技创新。

成果转化，让“科研种子”生根发芽

李某在机器人研究领域持续深耕，不断追求技术创新与突破，探索科技成果转化新路径。

之前，李某就对机器人领域颇感兴趣，喜欢钻研四驱车机械结构、观看科普节目。这种热情指引他走进哈尔滨工业大学，也促使他直面挑战、不断超越。他与团队在参加全国大学生机械创新设计大赛时，想做一款多功能带载爬楼车，帮助快递员解决重物上楼的难题。在老师的指导下，他努力研究书本里艰深晦涩的理论，尝试设计与制作。然而，耗时5个月做出的爬楼车还是达不到理想水平，大家都很受打击。

“既然要做，就要做到最好！”苦闷过后，李某还是决定坚持下去。在第二次设计时，李某及其团队几乎完全推翻了第一次的设计方案。“从最初单个零件重30千克，到后来整个爬楼车重15千克，还可以承载50千克的货物，我们付出了很多努力。”李某说。

李某深刻体会到，机器人研究就像一粒“种子”，许多技术都是先在研究中寻求突破，然后提炼衍生出各种创新技术，最后反哺工业等领域，实现应用价值。机器人研究意义非凡，李某由此坚定了自己的科研方向。

在参加创新设计大赛时，看到其他同学在台上讲解项目，李某感受到：“如果不能服务经济社会发展，科研就缺少了一些价值。”从那一刻起，李某不再满足于只做一名技术研究人员，而是更多地投身于科研成果转化，以寻求更大突破。于是，他踏上了创业的道路。

尖端科技竞争的本质是人才竞争。直到现在，李某还记得曾经被科普节目激发出的对机械的热情。这几年，他积极组织各种科技教育活动，捕捉、培养青少年对机器人技术的浓厚兴趣。在谈及团队的科普推广计划时，李某既有热情，又满怀期待。他说：“到2035年，我国公民具备科学素质的比例要达到25%，我想为实现这一目标努力。”

资料来源：环球网（有改动）

二、创新精神的要求

（一）反对僵化教条，打破旧的平衡

科技革命把人类带入了一个全新的时代，知识积累速度加快，知识传播手段日新月异，信息产业化进程不断加快，信息传播成本不断降低。我们要想跟上时代发展的步伐，就要进一步解放思想、转变观念、创新理念，突破思维定式，克服路径依赖，打破一潭死水、波澜不兴的沉寂局面，敢于在“换一种想法、换一种做法、换一种活法”的过程中追新求异，勇于创新，重塑自我。

（二）反对孤立静止，突破原有限制

片面、孤立、静止的形而上学思维方式，常常在有意无意间局限了人们的视野。片面、孤立、静止地看待问题、处理问题，只能阻碍思路，扼杀创新。

古希腊哲学家赫拉克利特曾说过，人不能两次踏入同一条河流。要发展、要变化、要前进，就必须突破原有的思想限制，革除腐朽落后的思想与事物，开拓有潜力的未知领域，不断强化创新意识，增强对事物发展的前瞻性与预见性，高屋建瓴地创造新事物。

（三）反对因循守旧，克服潜在惰性

因循守旧源于思想懒惰，它导致创新精神受到遏制，创造能力不能得以发挥。很多学生在长期的学习中比较强调主观要顺从客观，因而往往仅停留在学习理论知识上。学生不应拘泥于书本知识，而应克服潜在惰性，充分发挥主观能动性，从实践中找答案，在创新中求突破，使自己成为尊重事实、善于独立思考、充满创新活力的人。

三、创新精神的重要性

人无精神则不立，国无精神则不强。创新精神是成就事业必不可少的精神动力，靠着改革创新，靠着全国各族人民砥砺奋进，中华民族伟大复兴中国梦的基础不断夯实。进入知识经济时代，我们仍要继续培养创新精神和创新思维，从而不断推动社会发展。

（一）创新精神是成就事业的精神动力

不管是国家、组织还是个人，有了创新精神就有了前进的动力。创新精神蕴含着巨大的能量，贯穿人类社会发展的整个过程，是历史车轮前进的巨大引擎，更是社会发展的强大动力。古往今来，大至治国理政，小至做事创业，若想立于不败之地，就要改变固有的模式，突破传统，大胆、有的放矢地进行创新。

当前，我国综合国力显著增强，无论是在经济发展、科研创新方面，还是在教育、医疗水平方面，我国都取得了巨大成绩。但是在发展过程中，社会上的一系列矛盾逐渐凸显。新时代是属于创新者的时代，我们要想解决发展中出现的矛盾，就必须发扬创新精神。

（二）创新精神适应知识经济时代的发展

知识经济是人类社会继农业经济、工业经济之后出现的一种崭新的经济形态。知识经济的基本特征就是知识不断创新，高新技术迅速产业化。创新是知识经济时代的一个显著标志，它实现了从有形资产向无形资产的转变，从重视引进与模仿能力向强调创新能力的转变。为了适应时代的发展，我们必须发扬创新精神，立新意、想新法、使新招，创造性地开展工作，力争将创新的理念和行动落到明处，融进实处。

（三）创新精神可推动社会发展

科技是国家强盛之基，创新是民族进步之魂。自古以来，科学技术就以一种不可逆转、不可抗拒的力量推动着人类社会向前发展。16 世纪以来，世界发生了多次科技革命，每一次都深刻影响了世界力量格局。从某种意义上来说，科技实力决定着世界政治经济力量对比的变化，也决定着各国各民族的前途命运，只有不断推进科技创新，不断解放和发展社会生产力，不断提高劳动生产率，才能实现经济社会持续健康发展。

四、创新精神的培养途径

培养创新精神，可以从培养好奇心、培养敢于质疑的精神、激发创新的欲望、培养求异思维能力等方面做起。

（一）培养好奇心

好奇心是点燃创新激情的火把。牛顿因为好奇心发现了万有引力定律，瓦特因为好奇心改良了蒸汽机，弗莱明因为好奇心发现了青霉素。科学研究特别是基础研究的出发点往往是科学家探究自然奥秘的好奇心。从实践看，凡是取得突出成就的科学家，都是凭借强烈的好奇心和事业心，终生探索，最终取得成功的。他们“只问是非，不计利害”，全身心地对未知的科学问题进行不懈探索。好奇心包含强烈的求知欲和追根究底的探索精神，要想获得成功，就必须具有强烈的好奇心。

（二）培养敢于质疑的精神

学起于思，思源于疑。有疑问才会去思考、去探索、去创新。科学的发展就是对旧的知识、观念进行辩证的分析，取其精华，去其糟粕，这就要求我们有质疑权威的精神。科学家对旧的知识、观念的扬弃，对谬误的否定，无一不是从质疑开始的。当然，这种质疑不是毫无根据的质疑，而是需要我们先进行科学的求证。

敢于走前人没有走过的路，敢于质疑、打破现有的条条框框，才能开创前人所不曾开创过的崭新事业。学生应增强创新自信，培养创新精神，不迷信学术权威，不盲从既有的学说，大胆质疑、认真求证、不断试验，以寻求解决问题的最佳方法。

（三）激发创新的欲望

创新的欲望会引发创新动机，最终促使创新行为产生。一个企业如果没有创新的欲望，就难以在市场上生存发展，更不可能在市场竞争中取胜；一个人如果没有创新的欲望，其业务能力就很难提高。20 世纪 90 年代初，南仁东提出 500 米口径球面射电望远镜（FAST）工程设想。当时中国最大的射电望远镜口径不到 30 米。为了实现这一设想，南仁东带领团队攻坚克难，历时 20 多年，终于建成口径达 500 米、面积相当于 30 个足球场的中国“天眼”（见图 11-1）。

图 11-1　中国“天眼”

大学生不应满足于现成的思想、观点、方法，要经常思考如何在这些思想、观点、方法的基础上创新发明、推陈出新，要经常思考“能否换个角度看问题”“有没有更简捷、有效的方法和途径”等问题。

（四）培养求异思维能力

生活中，很多人过于在意他人的看法，而忘了自己内心的真实想法，人云亦云，最终迷失自我。创新不是简单的模仿，而需要劳动者在认真思考后，形成自己的见解。大学生要培养求异思维能力，勤于思考，以推动创新成果源源不断地涌现出来。

课堂活动

结合自身实践，与同学讨论当代学生应如何培养创新精神。

第二节 培养创业精神

在创业者的主观世界里，那些具有开创性的思想、观念、个性、意志、作风和品质等，均为创业精神。创业精神是一种非智力因素，支配着人们创业实践活动的态度、行为、方向和目标，具有较强的选择性和能动性。创业精神既是创业的动力系统，也是创业素质的重要组成部分。

一、创业精神的本质

创业本身就是一个不断试错的过程，从某种意义上讲，创业成功只是一个小概率事件。创业者应具备不向失败低头、在绝望中寻找希望的创业精神。创业精神是一种非智力因素，是创业者在创业过程中的重要行为特征的高度凝练。下面从创新、冒险、合作和执着四个方面介绍创业精神的本质。

（一）创新是创业精神的灵魂

创业者通过新的产品、新的流程、新的服务方式，将新的理念和设想与新的市场需求相结合，进而创造出新的价值。对于创业者而言，创新不仅要创造新的价值，还应尽力让新的产品和服务、新的管理制度、新的流程等新事物进入市场。虽然创业精神常常以创办新企业的方式表现出来，但是创业精神不仅存在于新企业中，一些成熟的企业也可以焕发创新活力。

（二）冒险是创业精神的特质

任何一项创业活动都不可能是一帆风顺的，没有甘冒风险和勇担风险的魄力，就不可能成为一名成功的创业者。创业者的成长环境和创业机会虽然各不相同，但是他们大多是在条件不成熟、外部环境不明晰的情况下，敢为人先，勇于做第一个“吃螃蟹的人”，最终才取得成功的。

（三）合作是创业精神的基础

社会发展到今天，行业分工越来越细，几乎没有人能够独自完成创业过程中的所有工作。凡是创业成功者，都善于借助外力，善于与他人合作，他们能够将这种合作精神传递给团队中的每一位成员，使团队成员团结一心，不断进取；在遇到困难时，他们能够带领团队克服困难，摆脱困境。

（四）执着是创业精神的本色

执着是一种信念，是一个人对自己追求的目标、从事的工作所表现出来的一往情深、一往无前的状态。人们耳熟能详的愚公移山、精卫填海、铁杵磨成针等典故，都诠释了执着对成功的重要性。人生需要执着，执着成就人生。创业者要想创业成功，必须有“咬定青山不放松”的毅力和“任尔东西南北风”的定力。

创业精神是一种内在的动力机制，能够激发人们进行创业实践的欲望，并且在很大程度上决定着人们对创业实践活动的态度和行为。创业精神能够帮助个人、企业乃至国家在错综复杂的竞争环境中走向成功和繁荣。一个人如果没有创业精神，即使有创业行动，往往也是浅尝辄止、半途而废。

二、创业精神的特征

创业精神具有以下特征：

（1）高度综合性。创业精神是创新精神、拼搏精神、进取精神、合作精神等多种精神的综合体现，具有高度的综合性。

（2）三维整体性。创业精神涵盖了哲学层面的创业思想和创业观念、心理学层面的创业个性和创业意志、行为学层面的创业作风和创业品质。缺少其中任何一项内容，都无法构成创业精神。

（3）超越历史的先进性。创业精神的最终体现是开创事业，而开创事业本身体现了超越历史的先进性。创业者要想创业成功，就必须想常人不敢想的，做常人不敢做的。

（4）鲜明的时代特征。在不同的时代，人们的物质生活条件和精神需求不同，使得创业的基础和环境不同，进而使创业精神呈现出鲜明的时代特征。

三、创业精神的培养途径

培养创业精神，通常可以从塑造创业人格、提高创新能力和强化创业实践等方面做起。

（一）塑造创业人格

创业之路充满艰险与曲折，这就要求创业者具有非常强的调控能力，能够持续保持一种积极、沉稳的心态，即具有良好的创业人格。创业者只有具有处变不惊的良好心理素质和顽强的意志，才能在创业过程中做到自强不息、竞争进取、顽强拼搏，进而闯出一片新天地。从无数创业者的经验教训中可以发现，成功的创业者均具有乐观向上、聪慧勤勉、坚韧敢为、独立自律、诚实守信的创业人格。

对于学生而言，塑造创业人格，可以从提高心理素质、增强适应能力、自觉培养坚韧不拔的意志和艰苦奋斗的精神等方面做起。此外，还可以结合创业案例剖析创业者的人格特征，掌握培养良好的心理素质与人格特征的途径和方法。

（二）提高创新能力

学生可通过以下途径来提高创新能力。

1. 增强创新意识

创新是真正意义上的超越，体现了敢为人先、不断进取、求新求异的心理状态。学生创新能力的提高应该从增强创新意识开始，在学习和生活中做到以下几点：① 善于打破常规，敢于超越；② 培养聚合思维和发散思维、形象思维和抽象思维，善于运用归纳、演绎、推理等多种逻辑思维方式，重视直觉和灵感的作用；③ 培养问题意识，善于发现问题、提出问题、解决问题。

2．健全知识体系

创新意识可以在短时间内快速得到增强，但是个人创新能力的提高是一个日积月累、循序渐进的过程，它来源于精深的专业知识和广博的科学文化知识。一些世界级的重大科技成果的出现，都是以科研人员扎实的专业知识作为基础的，如果没有扎实的专业知识作为理论支撑，创新就成了无源之水、无本之木。对于学生而言，要想提高创新能力，就必须脚踏实地地学好专业知识，掌握真才实学。此外，还要扩展自己的知识面，丰富的人文、历史、地理等知识有利于灵感的产生。

3．提高综合能力

创新不是一种简单的包装，它体现的是一种更高层次的能力，建立在各种基础能力之上。学生要想提高创新能力，就必须提高自己的综合能力，包括观察能力、分析和解决问题的能力、独立思考能力、学习能力、社交能力等。

（三）强化创业实践

学生应利用课余时间积极参加创业模拟活动和社会实践活动，增强对企业的了解和对社会的认知，在实践中磨炼自己，培养创业精神。学生进行创业实践的途径主要有以下几种。

1．参加科技活动和专业竞赛

科技活动和专业竞赛是学生运用所学知识解决问题的最好实践机会，能够有效地激发和培养学生的科技创新意识。学生可以参加学校组织开展的科技活动，省、市级的专业竞赛项目和国家级的专业竞赛项目。其中，学校组织开展的科技活动内容丰富、形式多样，如“走进科技馆”“走进企业”“走进高新技术基地”等，学生要重视并积极参加这些科技活动。

此外，每个专业都有对应的竞赛活动，如机械类专业有全国大学生机械创新设计大赛、电子科学类专业有全国大学生电子设计竞赛、艺术类专业有全国大学生广告艺术大赛、电子商务类专业有全国大学生电子商务“创新、创意及创业”挑战赛，等等。学生应密切关注、积极参与这些专业竞赛活动，在竞赛中培养创新精神，提高专业水平。

2．参加“挑战杯”中国大学生创业计划竞赛

“挑战杯”中国大学生创业计划竞赛是由中国共产主义青年团中央委员会、中国科学技术协会、教育部、中华全国学生联合会主办的大学生课外科技文化活动中的一项具有导向性、示范性和群众性的竞赛活动，每两年举办一届。

“挑战杯”中国大学生创业计划竞赛自创办以来，始终坚持“培养创新意识、启迪创意思维、提升创造能力、造就创业人才”的宗旨，在引导和激励学生弘扬时代精神、把握时代脉搏，培养和提高学生创新、创造、创业的意识和能力，促进学校就业创业教育发展，发现和培养具有创新思维和创业潜力的优秀人才等方面发挥了积极作用。学生应积极参加这类竞赛，以开阔视野、磨炼意志、锻炼动手能力、培养创新精神。

3．“创青春”中国青年创业大赛

2014 年以来，在商务部、国家卫生健康委、国家税务总局等单位的大力支持下，“创青春”中国青年创业大赛已举办至第十一届。第十一届“创青春”中国青年创业大赛的主题为“青春为中国式现代化挺膺担当”，围绕科技创新、乡村振兴、数字经济、社会企业四个领域分别举办各种赛事，为参赛青年提供创业辅导、展示交流、资本对接、骨干培训等服务。

学生应积极参加“创青春”中国青年创业大赛，以激发创造力，坚定执着追理想，实事求是闯新路，

把激昂的青春梦融入伟大的中国梦，努力成长为德才兼备的有为人才。

4．自主创业

学生可选择自主创业。常见的适合学生的自主创业项目有以下几种：

（1）开设培训班。学生可以利用自己掌握的知识和技能，在课余时间开设英语四六级培训班、考研冲刺培训班、计算机培训班（见图 11-2）等专业技能培训班，或者开设音乐培训班、美术培训班、舞蹈培训班、体育培训班等文体类培训班。

图 11-2　计算机培训班

（2）开设寝室商店。在不违反学校寝室管理规章制度的前提下，学生可以将同学作为目标客户，在寝室内出售零食、生活用品或者提供理发、打印、照相、手机贴膜等服务。

（3）开设网店。电子商务的蓬勃发展为学生进行网络创业提供了机会，开设网店已成为许多学生青睐的创业项目。需要注意的是，运营网店需要耗费大量的时间，学生应合理分配自己的时间，不能耽误学业。

劳动百态

打造“金牌创业团队”

2021 年 7 月，某创业大赛结果揭晓，杭州师范大学的参赛项目“曜晖科技——全球高端生科医疗器具国产化引领者”获得高教主赛道初创组金奖。

对于临床医学专业 2019 届毕业生赵某来说，这不是他第一次参赛了。早在 2018 年 7 月，赵某就参加了该创业大赛，并获得了银奖。备赛过程中，他在分析了国内外市场需求后，发现自己的参赛项目的市场前景很广阔，于是，他产生了将该项目投入实际运营的想法。2018 年底，赵某创办了杭州曜晖生物科技有限公司，开始了创业之路。

毕业后，赵某与老师、同学依然保持联系，他向老师和学长学姐请教专业问题，向学弟学妹传授学习、创业经验。在一次次沟通交流中，越来越多怀揣创业梦想的同学们彼此相识。

2020 年 12 月，杭州师范大学发出通知，号召符合条件的在校生和毕业 5 年内的校友参加创业大赛。看到通知，赵某和他的伙伴们再次萌生了参赛的想法。就这样，来自多个学院的 11 名同学和赵某一起，各展所长，开启了“曜晖科技——全球高端生科医疗器具国产化引领者”项目的创业大赛之旅。

团队组建后，不同专业、不同年龄、不同性格的队员们围绕高端生科医疗器具国产化进行了多次探讨，共同探索中国生科医疗器具的创新发展之路，提出一个又一个鲜明的观点，碰撞出了思想的火花。

为了掌握更多的专业知识，更好地发挥特长，队员们主动参加了形式多样的培训，并放弃了假期休息时间，纷纷留校备赛。大家集中研讨，明确分工，反复、仔细对项目计划书和PPT进行修改。学校还邀请了相关领域的专家有针对性地对队员们进行指导。

省赛小组名单公布后，面对强劲的对手，压力向大家袭来。如何在众多项目中展示团队的优势，如何在路演顺序靠后的情况下抓住评委老师的眼球，这些无疑都是挑战。

队员们认为，在经过了无数次项目打磨和模拟演练后，项目已经具备了一定的竞争力，而取得好成绩的另一个关键就是注重细节。在规定的时间内完成项目演讲，在回答问题时保持语言流畅，这些都至关重要。

省赛决赛当天，项目主讲人按照赛前演练的方法，着重突出项目核心，在规定的时间内声情并茂地完成了演讲，展现了项目的特色与创新之处。随后，面对评委老师的提问，队员们对答如流，获得了评委老师的一致好评。

省赛决赛结束后，团队积极备战国赛，在做好高端生科医疗器具国产化的道路上继续探索，为实现中国生命科学科研工具的自由而躬身前行！

资料来源：澎湃新闻网（有改动）

第三节　理解在劳动教育中融入创新和创业教育的意义

随着科技的迅猛发展和人工智能时代的到来，劳动的创造性特征日益凸显。创造性劳动的主体是高素质创新型劳动者，他们能够在劳动中实现物质产品的创造。而学校是培养高素质创新型劳动者的重要主体，学校劳动教育的重点是使学生能够在劳动实践中创造性地解决问题。

近年来，越来越多的学生承担起科研创新的重任，努力在实现中华民族伟大复兴的时代洪流中踔厉奋发、勇毅前行，以聪明才智贡献国家，以开拓进取服务社会。劳动教育是人生成长的必修课，在劳动教育中融入创新和创业教育，有助于学生培育锐意进取的创新精神、勇于探索的冒险精神、求真务实的奋斗精神、团结共进的合作精神和不辱使命的担当精神。

一、有助于培育锐意进取的创新精神和勇于探索的冒险精神

劳动创造美好生活。普通高等学校要强化马克思主义劳动观教育，注重围绕创新和创业，结合学科专业开展生产劳动和服务性劳动，积累职业经验，培育创造性劳动能力和诚实守信的合法劳动意识；职业院校、普通高等学校要注重结合产业新业态、劳动新形态，选择现代农业、工业、服务业项目，提升创造性劳动能力。

进行劳动教育，不仅仅要让学生从中获得劳动体验，更要培养学生的劳动创造力，这也是创新精神和创业精神的基本要求之一。在劳动教育中融入创新和创业教育，可以让学生在实践中检验理论知识和前人经验，提高其对新鲜事物的认知能力和学习能力，从而培育锐意进取的创新精神和勇于探索的冒险精神。

二、有助于培育求真务实的奋斗精神和团结共进的合作精神

劳动是成功的必经之路。劳动教育强调劳动是一切财富、价值的源泉，劳动者是国家的主人，一切劳动和劳动者都应该得到尊重；倡导通过诚实劳动创造美好生活、实现人生梦想，反对一切不劳而获、崇尚暴富、贪图享乐的错误思想；倡导在劳动中巩固劳动习惯，厚植劳动情怀，实现自我价值；倡导在实践中感受与团队成员沟通及合作的意义，在收获劳动成果的过程中体会互帮互助、努力付出的喜悦。这种奋斗精神和合作精神正是创新精神和创业精神的体现。

学生应在做好每一件小事、完成每一项任务、履行每一份职责中贯彻创新精神和创业精神。随着新时代的到来，新技术不断涌现，新业态不断呈现，应对创新和创业过程中遇到的挑战，仅靠勇气和兴趣是不够的，还需要学生具备“大道至简、实干为要”的品质。只有求真务实、尊重团队中的每个人，才能凝聚起团队的强大力量；只有懂得团结共进的意义，才能开创包容、共赢的新局面，共享创新和创业的新成果。

三、有助于培育不辱使命的担当精神

空谈误国，实干兴邦。劳动教育是新时代党对教育的新要求，是中国特色社会主义教育制度的重要内容，是全面发展教育体系的重要组成部分，是学校必须开展的教育活动。劳动教育具有突出的社会性，必须加强学校教育与社会生活、生产实践的直接联系，发挥劳动在个人与社会之间的纽带作用，引导学生认识社会，增强社会责任感，使其成长为担当民族复兴大任的时代新人。培育学生的创新精神和创业精神，更要鼓励学生持续关注国家发展，将创新和创业与祖国的需要相结合，让青春绽放在祖国最需要的地方。

劳动教育具有显著的实践性，必须面向真实的生活世界和职业世界。在劳动教育中融入创新和创业精神，可以引导学生动手实践，在认识世界的基础上，学会建设世界，塑造自己，从而实现树德、增智、强体、育美的目的。

劳动百态

池州学院：将劳动教育与创新和创业相结合

亲手把一根棍子制作成一双筷子，这是许多学生想都没想过的事。然而，在池州学院的“匠心筷子工坊”里，学生学习刨木、打磨、切割、刻姓名、上桐油等已成常态。更难能可贵的是，教授这些技能的人也是学生。

“他们是学校里的一支创业团队，一行四人先去杭州拜师学艺，学成归来再教其他同学。”学生处处长方某说。他还表示，学生们在制作筷子的过程中融入艺术方面的思考，制作出的筷子是独一无二的，非常有意义。

池州学院十分注重在劳动全过程中培养学生的创新能力，实行“1、2、3”计划，即：100%的学生接受创新和创业通识教育，20%的学生开展创新和创业模拟，3%的学生开展创业实践。2013 年，学校建立了创业孵化基地，每年有几百名学生参与其中。截至 2020 年，该基地成功孵化了 6 家年销售额突破 1 000 万的企业。

“我是安徽省航模队专业运动员，2016 年考入池州学院后着手准备航模培训，在创新和创业过程

中，学校给予了很多支持。”学生沈某说道，“入驻孵化基地时，学校给我们提供了两间工作室，水电费全免；每年体育学院新生报到时，学校授权我们设立航模专场招聘会招聘队员；大一新生军训和运动会上，学校授权我们安排航模队表演进行宣传造势；日常训练需要使用运动场时，学校积极协调……”

四年多来，航模队一边在校内做宣传普及和培训工作，一边到池州市中小学开展专项提升活动，以“课后三点半”的形式培训了200多名学生。此外，航模队还不定期到周边乡镇小学进行公益讲座，一年十多次，受益人次超一万。如今航模队已有40多名队员，最高峰时超70名队员。在沈某的带领下，近20名队员和3位体育老师考取了国家二级航空模型裁判员证书和航空模型辅导员证书，有的还在安徽省青少年科技模型比赛中当裁判。沈某毕业后，运营着自己的航模公司，一些队员跟随就业。

资料来源：中国教育新闻网（有改动）

躬身践行——“最美创业人”采访活动

【劳动任务】

寻找创业榜样，了解他们的创业模式和创业故事，感受他们勇于探索、敢于冒险的创新精神和创业精神，从而树立创新意识、培养创新思维、提高创新和创业能力。

以小组为单位采访身边或网络上的创业者，了解他们的创业故事。要求：以视频或音频的形式记录采访过程；采访结束后，以PPT的形式呈现采访成果（PPT中可嵌入视频或音频），并在课堂上进行讲解。

【劳动分组】

全班学生以5～8人为一组进行分组，各组选出组长并进行任务分工，将小组成员及分工情况填入表11-1中。

表11-1　小组成员及分工情况

班级		组号		指导教师	
小组成员	姓名	学号	任务分工		
组长					
组员					

【劳动准备】

（1）了解创新和创业的基础知识，具备创新精神。

（2）选择合适的采访方法。

（3）掌握视频、音频的剪辑方法，PPT的制作方法。

【劳动计划】

小组商议，制订出具体的工作计划，填入表11-2中。

表 11-2 工作计划

步骤	工作内容	时间安排	负责人
1			
2			
3			
4			
5			

【劳动实施】

按照工作计划，开展“最美创业人”采访活动。将具体的实施情况记录在表 11-3 中。

表 11-3 实施情况

时间安排	实施步骤
	1. 小组讨论确定要采访的创业者： 姓名：___________；性别：___________；职业：___________
	2. 与采访对象约定采访时间和采访地点： 采访时间：___________；采访地点：___________
	3. 小组讨论制订采访提纲
	4. 采访创业者（注意做好录视频、录语音工作；在得到创业者许可的情况下，可对其工作场景进行拍摄；在条件允许的情况下，还可以采访与创业者相关的人，从侧面了解创业者的相关信息）
	5. 根据采访提纲和录音编写采访稿
	6. 根据采访稿和采访过程中拍摄的照片、录制的视频或音频制作 PPT，可在 PPT 中配上相应的图片或者嵌入视频、音频
	7. 小组内推选出一名成员展示 PPT，并辅以现场解说

【劳动评价】

教师可参考表 11-4 对各小组“最美创业者”采访活动进行评价。

表 11-4 活动评价表

项目名称	评价内容	分值	评价分数		
			自评	互评	师评
素养评价 20%	小组分工合理，团结协作	6 分			
	工作认真细致，一丝不苟	6 分			
	了解创新和创业的相关知识，感受创业创业精神	8 分			
技能评价 30%	采访紧扣主题，达到采访目的	10 分			
	采访时所提问题典型且有深度	10 分			
	采访氛围和谐，与创业者热情交流互动	10 分			

（续表）

项目名称	评价内容		分值	评价分数		
				自评	互评	师评
成果评价 50%	PPT 结构清晰，重点突出		20 分			
	PPT 制作精美，能合理地应用动画效果		20 分			
	能合理地运用手势、面部表情、目光等配合 PPT 进行解说		10 分			
合计			100 分			
总评	自评（20%）+互评（20%）+师评（60%）=	综合等级：	教师（签名）：			

【劳动总结】

参考文献

[1] 刘向兵. 新时代高校劳动教育论纲［M］. 北京：社会科学文献出版社，2019.

[2] 檀传宝. 劳动教育论要：现实畸变与起点回归［M］. 北京：北京师范大学出版社，2020.

[3] 方艳丹，韦杰梅，卢民积. 劳动教育实践活动设计［M］. 北京：电子工业出版社，2020.

[4] 党印. 新时代劳动教育100问［M］. 北京：中国人民大学大学出版社，2021.

[5] 教育部职业技术教育中心研究所. 劳动教育读本：高职版［M］. 北京：高等教育出版社，2020.

[6] 李效东. 大学生劳动教育概论［M］. 北京：清华大学出版社，2021.

[7] 金正连. 劳动教育与素质养成［M］. 北京：中国人民大学出版社，2020.

[8] 董金凤，贾增岁，武辉. 劳动教育实践教程［M］. 西安：西安电子科技大学出版社，2021.

[9] 袁国、徐颖、张功. 新时代劳动教育教程［M］. 北京：航空工业出版社，2020.

[10] 罗敏、龙明堂、赵莉娜. 劳动创造美好生活——大学生劳动教育教程［M］. 北京：中国言实出版社，2020.

[11] 中共中央国务院关于全面加强新时代大中小学劳动教育的意见［M］. 北京：人民出版社，2020.